Francesco Zingone

Piano di web marketing per un progetto di microeditoria on line

ovvero:

Come un progetto on line può diventare un'attività di impresa.

"Strategie e tecniche di sopravvivenza, in un ambiente estremo e competitivo, per trovare la giusta via e dare compimento al proprio obiettivo".

Prima edizione: agosto 2012

ISBN: 978-1-291-01742-7

A mio padre che non aveva niente e mi ha dato tutto

Sommario

1. Introduzione

1.1. Scopo del libro   11
1.2. Il piano di webmarketing   13
1.2.1. I punti fondamentali del piano di webmarketing   15

2. Gettare le basi: Le fasi preliminari del progetto.

2.1. Determinazione degli obiettivi e del target   16
2.2. Scegliere un modello di business   17
2.3. Analisi del mercato e della concorrenza   20
2.4. La nicchia di webmarketing   21
2.4.1. Caratteristiche di una buona nicchia   24
2.4.2. Le migliori aree da cui trarre le nicchie   26
2.4.3. Area o nicchia. Dove siamo ?   28
2.4.4. Idee per trovare una buona nicchia   32
2.4.5. Potenziale delle keyword   40
2.4.6. Procedure e strumenti per trovare le parole chiave della mia nicchia   42
2.4.7. Conoscere il valore potenziale di rendimento delle keyword   46
2.4.8. Concorrenza sulle keyword   48
2.4.9. Suggerimenti per affrontare la concorrenza di nicchia   52
2.5. Il Personal branding   54
2.5.1. Piccoli suggerimenti pratici per sviluppare un proprio Personal Branding   57

3. Il sito web:

3.1. Gli obiettivi del sito web   59
3.2. La scelta del nome a dominio   72
3.2.1. Brainstorming   73
3.2.2. Disponibilità ed estensione dei domini   76
3.2.3. Recupero di vecchi domini   77
3.2.4. Marchio e payoff.   78
3.3. Caratteristiche della piattaforma software   79
3.4. Wordpress: la piattaforma software ideale   83
3.4.1. Wordpress: un rapido sguardo   84
3.4.2. Wordpress: configurazioni base post installazione   86

4. I contenuti del nostro progetto

4.1. Scoperta e gestione delle fonti   91
4.2. Suggerimenti e tipologie di post   93
4.3. Linee guida per scrivere un post che generi traffico   96
4.4. Come farsi scrivere articoli da altri   99
4.5. Formato e struttura del post   101
4.6. Ottimizzazione SEO   102
4.7. Revisione finale   105
4.8. Strategia di pubblicazione   105
4.9. Difendere i propri contenuti   107

5. I sistemi di monitoraggio necessari al sito

5.1. I due strumenti indispensabili   111

6. La promozione del sito web

6.1. Visibilità nei motori di ricerca   125
6.1.1. Le penalizzazioni   128
6.1.2. Software di controllo SEO   130
6.2. Come migliorare la propria link popolarity   131
6.3. Social media e reti sociali   135
6.3.1. Metodi per promuovere il sito nei Social network   139
6.4. Fidelizzare gli utenti   149
6.4.1. Il problema dei lettori passivi   154

7. Il piano economico

7.1. Definizione del budget   156
7.2. Start-up di prodotti web   159
7.3. Fonti di ricavo   161
7.4. Stimare i ricavi dalla pubblicità   163
7.5. Breakeven Point e calcolo del ROI   178

Bibliografia e link

1. Introduzione

1.1. Scopo del libro

Gli argomenti trattati in questo libro sono molteplici, vuole essere una guida per valutare l'opportunità di creare un sito, gestirlo in modo efficiente e comprenderne la reale efficacia in termini di rapporto costi e benefici, tenendo anche conto delle principali modalità di interazione fra utenti e gestore del sito. Ho scelto pertanto di seguire un percorso che passa per le fasi della progettazione, gestione e valutazione del successo di una soluzione web attraverso la creazione di un "progetto di webmarketing". Questo percorso non seguirà soltanto il punto di vista dell'offerta (proprietario del sito) ma considererà costantemente le problematiche degli utenti: solo la loro soddisfazione, cioè aiutarli a risolvere il loro problema, infatti può sancire il successo dell'offerta.

Ci sono diversi metodi per rendere economicamente sostenibile un progetto di webmarketing. La gamma delle azioni che si possono compiere per tutte le forme di commercio esistenti è immensa ma non è questo l'obiettivo del libro. Il focus dove concentrerò tutta la mia attenzione è la sola parte concernente il generare reddito senza avere alcun prodotto fisico da vendere o un'attività che abbia già un suo modello di business da promuovere on line. Mi occuperò di fornire le informazioni necessarie, le basi, per intraprendere un'attività sul web attraverso la creazione di contenuti, escludendo di proposito tutto ciò che implica qualcosa di più e di diverso del rapporto tra il soggetto e la rete. Lo scopo è quello di generare profitto dalla conoscenza, e da come questa conoscenza debba essere consegnata alla rete affinchè possa contribuire a costruire un progetto di successo. «[...] Nell'economia digitale, è essenziale capire come i "prodotti" e i "servizi", inizialmente pensati come due elementi economici distinti, possano essere composti per creare un nuovo tipo di offerta. Quasi tutto ciò che può essere acquistato è composto da un contenitore tangibile (normalmente un prodotto fisico) e da un contenuto non tangibile (le informazioni ad esso associate, la conoscenza o il servizio che aggiunge valore al contenitore) [...] la valorizzazione del contenuto si traduce nell'estensione della funzionalità principale dell'offerta ad ambiti che non fanno tradizionalmente parte del prodotto [...] le aziende usano la tecnologia digitale per trovare nuovi modi di utilizzazione dei prodotti, creare nuove applicazioni che traggano vantaggio dal contenuto esistente e nuovi modi per venire incontro alle aspettative dei consumatori del futuro. Possiamo prevedere l'utilizzo di un contenuto digitale (per lo più informazioni) per quasi ogni offerta di mercato concepibile»[1]. Questo è il punto di partenza, è l'incipit per il mio lavoro di ricerca sulla sostenibilità di un progetto di webmarketing che abbia come elemento portante e centrale il valore della conoscenza per il raggiungimento di risultati economici

---

[1] Douglas F.Aldrich Piero Masera: Il Mercato digitale - Strategie e modelli per dominare la nuova economia. pagg 62-63

sostenibili. In quest'ottica anche la nostra mission deve essere adeguata: «[…][2] creare una buona missione significa proporre una nuova prospettiva di business in grado trasformare la vita dei consumatori […] realizzare la missione richiede la partecipazione dei consumatori».

1.2. Il piano di webmarketing

«[…][3] Il piano di web marketing è il documento di lavoro che riassumerà le nostre strategie di marketing da attivare in Internet. La sua redazione è la fase più importante e delicata di qualunque progetto di business in rete, perché definisce la strategia da adottare stabilendo inoltre il metro per valutare il successo o il fallimento oggettivo delle attività che saranno svolte; esso è dunque la struttura portante dell'intero progetto di web marketing.[…] Tuttavia, una cosa è avere un progetto in mente, ben altra è tradurlo in maniera razionale ed efficace in un piano che possa essere poi condiviso e soprattutto valutato nel corso del tempo. Il piano deve puntare a ottenere risultati molto specifici e stabilire le modalità con cui si possono raggiungere tali obiettivi, riportando con precisione i passi da seguire, le persone coinvolte, le risorse materiali da impiegare e i tempi per raggiungere un obiettivo finale». La definizione data da Venturi e Covino mi sembra un perfetto punto di partenza,

---

[2] Kotler: Marketing 3.0 - Dal prodotto al cliente all'anima pag 69

[3] Alessandro Venturi, Giuseppe Covino: Web Marketing per le PMI pag 46

spesso infatti, vediamo soggetti che spendono energie e risorse per fare partire un progetto web senza avere la consapevolezza della necessità di strutturare un vero piano di web marketing. Internet oltre tutto rispetto ai mercati tradizionali, a mio parere comporta una serie di difficoltà in più: una platea potenzialmente globale, cadenze temporali dei cambiamenti molto rapide e strumenti innovativi complessi e poco conosciuti che occorre sapere utilizzare al fine di inserirli in «[...][4] un planning temporale che permetta di sfruttare le peculiarità di ciascuno di essi, raggiungendo nella miglior maniera il target desiderato».

Avere un account Google e accedere a tutti gli strumenti dell'unico motore di ricerca indispensabile[5] è il primo passo da compiere poi occorre anche:.

- Saper registrare un nome di dominio

- Saper gestire uno spazio web

- Saper installare una piattaforma sito/blog (Wordpress)

- Conoscere le basi per ottimizzare il sito affinchè sia gradito a Google (SEO - Search engine optimization)

- Conoscere Google Web Analytics

- Conoscere Google Web Master Tools

- Saper gestire il proprio sito/blog

---

[4] Alessandro Venturi, Giuseppe Covino: Web Marketing per le PMI

[5] Italia, Googlelandia: il motore di ricerca più utilizzato che, per il 92% degli italiani che usano i motori (dato invariato rispetto al 2010), è Google. Fonte : Gli italiani e i motori di ricerca - report realizzato da Marco Loguercio SEMS S.r.l. sulla base dei dati ottenuti dalla ricerca commissionata a FullResearch e condotta il 06/07- 2011.

- Conoscere almeno i rudimenti del copywriting

1.2.1. I punti fondamentali del piano di webmarketing

a. Analisi del mercato, determinazione degli obiettivi, del target e della concorrenza

b. Scelta degli strumenti : Sito web, promozione e monitoraggio dell'efficacia

c. Piano economico con definizione del budget e previsione dei ricavi

2. Gettare le basi: Le fasi preliminari del progetto.

2.1. Determinazione degli obiettivi e del target

«[...][6]Avere le idee chiare sin dall'inizio sugli obiettivi che si intendono raggiungere è un buon presupposto per poter stabilire da subito in quale direzione andrà la nostra azione e per utilizzare di conseguenza gli strumenti più appropriati».

Nel web marketing gli obiettivi possono essere raggiunti in un'unica campagna che integri strumenti diversi in step temporali diversi ma immediatamente successivi. Il web marketing consente una formidabile segmentazione del target rispetto ai mezzi tradizionali, strumenti come Google Analytics, Google Adwords ed altri, ci forniscono una serie di dati preziosi, che ci permettono di raggiungere il pubblico veramente interessato alla nostra offerta commerciale. Possiamo concentrare le forze su un certo target invece che disperderle su una massa indistinta di consumatori; «[...][7] fare pubblicità non vuol dire far giungere indistintamente a tutti il proprio messaggio bensì mirare all'obiettivo giusto». Più segmentiamo con precisione il nostro target, maggiore sarà la qualità dei contatti ottenuti.

---

[6] Alessandro Venturi, Giuseppe Covino: Web Marketing per le PMI
[7] Alessandro Venturi, Giuseppe Covino: Web Marketing per le PMI

2.2. Scegliere un modello di business

A questo punto dobbiamo decidere come guadagnare con il nostro progetto di webmarketing. Occorre scegliere il modello di business che abbiamo intenzione di attivare.

I metodi più efficaci tra i quali scegliere a mio parere sono:

1) Costruire siti di contenuto per sostenere economicamente il progetto con Google Adsense[8].

2) Appartenere a sistemi di affiliazioni di marketing *(tecnica di marketing che utilizza gli affiliati per far vendere prodotti o servizi ai commercianti)* per vendere prodotti digitali (es. manuali, canzoni, giochi) o prodotti fisici veri e propri di commercianti terzi.

Le affiliazioni possono essere di diversi tipi:

- Affiliazioni Pay Per Click - PPC: si paga per ogni click sul messaggio pubblicitario. Il PPC si usa quando il commerciante paga l'affiliato cioè voi, per ogni click del visitatore sul link del commerciante. Generalmente i programmi PPC offrono basse commissioni, ma hanno un rapporto di conversione molto alto in quanto è necessario solamente un click del visitatore per ricevere la commissione.

---

[8] Google AdSense è uno strumento gratuito e semplice che consente a publisher, piccoli e grandi, di guadagnare pubblicando annunci Google mirati sui siti web di loro proprietà. Il servizio è collegato con AdWords, ed è in grado di gestire gli annunci degli inserzionisti adattandoli al contenuto della pagina web in base alla pertinenza. Fonte: Google Inc.

- Affiliazioni Pay Per Impression - PPI: il Pay-Per-Impression si utilizza quando il commerciante paga l'affiliato per ogni impressione del suo messaggio pubblicitario nel sito web dell'affiliato.

- Affiliazioni Pay Per Lead - PPL: l'affiliato riceve una commissione per ogni lead che genera per il sito web del commerciante. Ad esempio il commerciante paga una commissione all'affiliato ogni volta che un visitatore clicca su un suo messaggio pubblicitario e, in seguito, si registra nel sito per avere qualche servizio gratis come: informazioni, offerta di prova gratis, download gratuito, etc..

- Affiliazioni Pay Per Sale - PPS: l'affiliato riceve una commissione per ogni vendita che genera per il sito web commerciante. Ad esempio, il commerciante paga una commissione all'affiliato ogni volta che un visitatore clicca su un suo messaggio pubblicitario e, in seguito, compra i prodotti o servizi del commerciante. I programmi Pay-Per-Sale offrono le commissioni piu alte ma tendono ad avere basse percentuali di conversione.

3) Creazione e commercializzazione dei propri prodotti informativi (es. manuali).

L'efficacia dei modelli di business proposti, dipenderà dal tipo di progetto scelto. In linea generale, per i progetti che intendono raggiungere l'obiettivo economico attraverso la diffusione della conoscenza in rete, la soluzione ottimale dovrebbe prevedere la possibilità di implementare e combinare all'interno di essi, tutti i modelli di sostenibilità economica. Qualora ne venisse a mancare uno, anche per un breve periodo, gli altri potrebbero comunque garantirci una certa stabilità delle entrate. Inoltre decidere se concentrare i nostri sforzi sul business delle affiliazioni piuttosto che su Google Adsense, non incide sulla progettazione e costruzione del sito, non ci sono infatti grandi differenze fra i templates (modelli della pagina) di pagine create per valorizzare Google Adsense ed i templates di pagine ottimizzati per il marketing di affiliazione.

Osserviamo ad esempio questo sito di giochi dove i web banner[9] delle affiliazioni e le inserzioni di Google Adsense sono perfettamente integrate all'interno dello stesso template.

---

[9] È una delle forme pubblicitarie più diffuse su internet ed è una strategia di marketing definita Online Marketing Promotions. Questa forma di messaggio promozionale consiste nell'inserire un annuncio su una pagina web che una volta cliccato, permette di raggiungere la pagina web dell'inserzionista. Fonte: Lever, Franco; Rivoltella, Pier Cesare; Zanacchi, Adriano. La comunicazione. Il dizionario di scienze e tecniche. Roma, Rai-Eri, Elledici, Las, 2002.

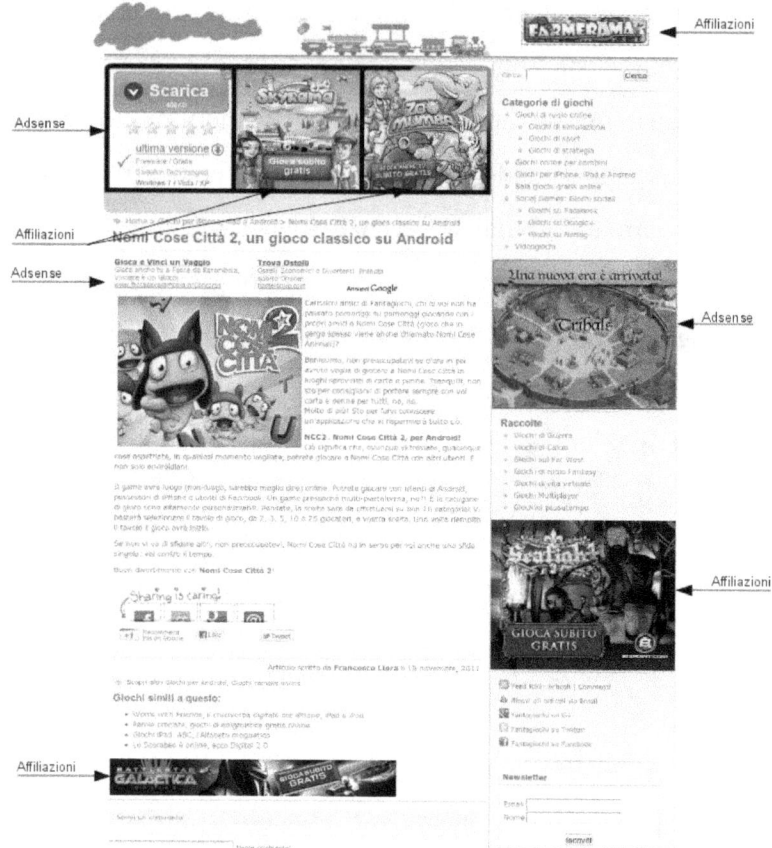

2.3. Analisi del mercato e della concorrenza

«[...][10] Il primo passo nell'intraprendere un'analisi di mercato è conoscere la propria situazione ed il mercato di riferimento in cui si deve competere online.[...] L'analisi del mercato nel nostro caso, può limitarsi allo scenario competitivo in rete, ma va effettuata

[10] Alessandro Venturi, Giuseppe Covino: Web Marketing per le PMI

una raccolta quanto più possibile dettagliata dei dati necessari a comporre uno scenario del mercato». Fortunatamente molti dati si possono reperire direttamente in rete, come faremo noi, oppure se si hanno a disposizione più mezzi, ci si può rivolgere ad associazioni di categoria, università e centri di ricerca. L'analisi ci permetterà di avere una visione generale del target e del mercato di riferimento aiutandoci ad individuare obiettivi obiettivi a breve e lungo termine. Anche l'analisi dei concorrenti è fondamentale. Sapere come si muovono e che risultati hanno raggiunto seguendo determinate strategie ci può facilitare enormemente il compito. Saper copiare per migliorare.

2.4. La nicchia di webmarketing

Uno dei concetti più difficili da imparare per i web marketers principianti è il concetto di "nicchia". La scelta delle nicchie, è senza dubbio il primo passo fondamentale per creare un progetto che abbia potenzialità di successo.

Il web come lo vediamo oggi nelle sue applicazioni (motori di ricerca, social network, piattaforme di pubblicazione e di relazione in genere) è un fenomeno stabile e non effimero, perchè risponde a dei bisogni. Si è configurato nell'ultimo decennio in particolare, come un modo/strumento nuovo per rispondere a bisogni antichi, ed è infatti assai agevole trovare corrispondenze fra una schematizzazione dei bisogni dell'essere umano come quella definita da Maslow[11] e specifiche applicazioni (o forse più propriamente, luoghi) del web 2.0. Come vediamo dall'immagine che segue (uno dei tanti esempi reperibili online) è piuttosto immediato individuare associazioni, soprattutto fra i "bisogni sociali" e le principali applicazioni di social networking:

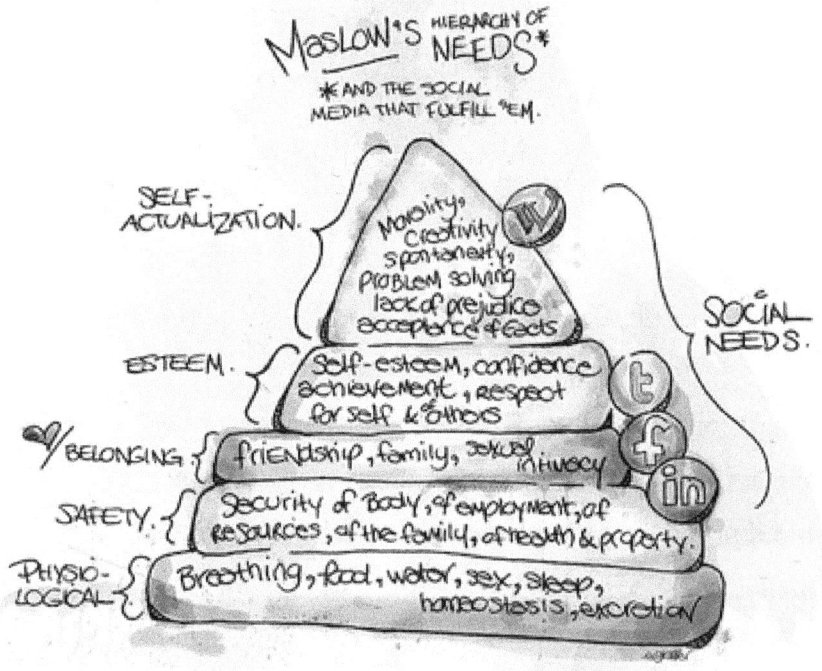

Questo incontro fra bisogni degli utenti e applicazioni web che tentano di soddisfarli (in tutto o in parte, spesso con successo), ha dato luogo a particolari manifestazioni delle dinamiche di mercato, ben descritte, ad esempio, da Anderson, il quale ha

---

[11] Abraham Harold Maslow: Motivazione e personalità - 1954

significativamente posto al centro delle sue argomentazioni non più la dimensione della massa, ma quella della nicchia. Secondo la visione di Anderson il web è diventato il fenomeno che oggi abbiamo davanti agli occhi perchè in moltissime occasioni ha operato disintermediazioni scardinando alcune radicate logiche del mercato di massa, per soddisfare i bisogni delle nicchie.

[12]« In un mondo di costi di packaging quasi inesistenti, e di accesso istantaneo a quasi tutti i contenuti, i consumatori mostrano un comportamento coerente: guardano pressochè ogni prodotto […] l'utente abituato ad una scelta infinita tende a distribuirsi su una scala vasta quanto la scelta […] le stesse tecnologie della coda lunga stanno portando a un'esplosione di varietà e scelta per quanto riguarda il contenuto che consumiamo... Quando la cultura di massa si disintregra,... si trasforma in milioni di microculture, che coesistono e interagiscono in uno sconcertante numero di modi». Ma cosa sono queste microculture se non un ottimo punto di partenza per singoli progetti di nicchia?

Come suggerisce il Direttore di Wired USA nel titolo italiano del suo volume, stiamo passando "da un mercato di massa, ad una massa di mercati" «[13][…] I consumatori si sparpagliano ai quattro venti via via che il mercato si frammenta in infinite nicchie. L'unica grande area di crescita è il web». E' quindi ragionevole sostenere che sia nelle

---

[12] Cris Anderson - La coda lunga. Da un mercato di massa a una massa di mercati - 2007 Codice Edizioni
[13] Cris Anderson - La coda lunga. Da un mercato di massa a una massa di mercati - 2007 Codice Edizioni - pag 24

dinamiche di nicchia che può svilupparsi un efficace e sostenibile progetto editoriale sul web, come quello che tentiamo di definire in questo lavoro di ricerca empirica. Una adeguata analisi di fattibilità di un progetto editoriale online, non può prescindere dal porre questioni come la selezione delle nicchie di riferimento, gli strumenti per segmentare il target, le strategie di soddisfazione dei bisogni (cognitivi, sociali, economici, etc.) degli utenti di una nicchia. Ed è appunto su questa direttrice che svolgeremo sia le nostre indagini che le proposte metodologiche e progettuali che ne conseguiranno.

2.4.1. Caratteristiche di una buona nicchia

Premtettendo che la cosa più importante è, come detto in precedenza, **soddisfare i bisogni**. Una buona nicchia comunque dovrebbe:

1) Portare traffico. Il traffico è essenziale per costruire un business. Qualunque cosa si stia promuovendo, essa dovrebbe essere cercata dagli utenti ogni singolo giorno. I visitatori sono il nostro primo problema perchè anche se abbiamo realizzato il sito internet più bello e più utile del mondo, se non sarà visitato non ci servirà a nulla. Oggi sul web esistono miliardi di siti dei più svariati argomenti, l'unico modo per riuscire nel nostro intento è quello di farlo conoscere e di avere visite.

2) Discendere dall'area oggetto della nostra attenzione verso un argomento che porti traffico mirato e non generico. Facciamo un esempio: Se ci volessimo interessare di giochi, la nicchia in

oggetto dovrebbe discendere da un particolare ambito dei giochi, ad esempio "giochi per bimbi". Sarebbe molto più complesso e competitivo posizionare strategicamente il nostro progetto se ampliassimo il campo semantico anche alle consolle o ai giochi social.

3) Mirare alle persone che sono già predisposte a spendere del denaro, cioè a quegli utenti che cercano di acquistare ciò di cui hanno bisogno attraverso Internet. Occorre offrire le soluzioni giuste all'utente giusto, se il sito è di tipo informativo è possibile ottenere molte visite, ma da esse è anche probabile avere poche conversioni.

[14]«[...] Il tasso di conversione (Conversion Rate) è il rapporto tra il numero dei visitatori che accedono ad una pagina (o sito web) e quanti di questi compiono una determinata azione, detta conversione. La conversione può esser rappresentata dall'acquisto di un prodotto, l'iscrizione ad una newsletter, la compilazione di un form, una richiesta di informazioni...»

Come si calcola? Poniamo il caso che sul tuo sito accedano ogni mese 15.000 persone. Di queste 300 acquistano un prodotto. Per calcolare il tasso di conversione del tuo sito devi dividere le azioni per le visite (uniche) e poi moltiplicare per 100. Quindi 300/15000=0,02 segue 0,02x100= 2% tasso di conversione. Ciò vuole dire che il 2% dei visitatori del tuo sito compie un'azione di conversione.

---

[14] Facebook Strategy - Alessandro sportelli

4) Non avere un alto grado di concorrenza. Il livello accettabile dipende dalla nostra abilità come webmaster, dal tempo a disposizione, dalle risorse che riusciamo a dedicare e dal proprio interesse personale. Se siamo web marketers principianti è sensato cercare nicchie non troppo competitive.

2.4.2. Le migliori aree da cui trarre le nicchie

Un utile punto di partenza è quello di interrogarsi su quali siano i settori più remunerativi verso i quali disponiamo conoscenze utili a svolgere il lavoro richiesto dal progetto. Come abbiamo visto nei precedenti paragrafi, la scelta dovrebbe focalizzarsi verso le aree che si occupano delle soddisfazioni dei bisogni dell'uomo. Tra essi possiamo evidenziare:

1) Salute: include tutto ciò che riguarda il modo in cui ci sentiamo e come ci vedono gli altri. Es. come smettere di fumare, come perdere peso, come prevenire malattie etc.

2) Amore: questa area comprende qualsiasi tipo di rapporto interpersonale. Può includere come trovare l'anima gemella, i regali nelle date importanti, cosa fare quando si è lasciati, confrontarsi con la sessualità etc. etc.

3) Ricchezza: questo settore è incentrato sul nostro successo economico. Ciò include come guadagnare, investire, risparmiare denaro, consulenza, lavoro, carriera etc. etc.

4) Passioni: questa è un'area   piuttosto ampia. Qui possiamo esaminare i viaggi, gli hobby, i giochi il giardinaggio, gli animali, la cucina etc. etc.

Dovremmo trarre da queste aree, settori rispondenti a nicchie dalle quali ricavare informazioni utili a costruire un progetto web che miri alla soddisfazione dello specifico bisogno. L'errore da evitare quando si avvia un progetto di questo tipo, è quello di prendere in esame area troppo vasta da trattare, con un enorme elenco di argomenti verso i quali non riusciremo mai a disporre di una conoscenza adeguata per proporre contenuti culturalmente validi. All'inizio della attività non è consigliabile sprecare enormi quantità di tempo e di lavoro, per creare montagne di contenuti, che oltretutto si troverebbero a competere con una concorrenza forte e agguerrita.

La logica che dovremmo seguire per l'individuazione pratica di una nicchia, è quella di scendere da un'area lungo una linea fino a trovare una semplice descrizione del nostro target. Es:

Bisogno di appartenenza -> Social Network -> Computer, tablet o smartphone (elettronica) -> Smartphone -> Android (Applicazioni per Facebook)

2.4.3. Area o nicchia. Dove siamo ?

Se abbiamo difficoltà a capire se ci siamo imbattuti in un'area o una nicchia, potremmo tentare di risolvere il problema agendo su due fronti. Il primo, più generico, comprende un lavoro preliminare di analisi del campo semantico: se scopriamo che vi sono più argomenti differenti tra loro che fanno capo al mio focus di interesse, molto probabilmente stiamo trattando un'area di interesse. Il secondo fronte, più specifico, ha bisogno di una premessa: quando avviamo un nuovo sito, non è corretto focalizzare l'attenzione solo sulla parola chiave principale (specialmente se restituisce diverse centinaia di migliaia o milioni di risultati), perchè ne esisteranno sicuramente altre di minore competitività che associate tra loro porteranno comunque ad un traffico soddisfacente.

Sebbene la distinzione tra area e nicchia non sia di ordine quantitativo, il metodo che illustrerò di seguito evidenzierà in maniera "numerica" una caratteristica di Internet che viene spesso sottovalutata: la sua dimensione.

Poniamo il caso che voglia avviare un progetto di giochi on line, uno schema di analisi potrebbe articolarsi nei seguenti step:

1) Digitiamo sulla ricerca di Google racchiuso tra virgolette la frase chiave principale es. "Giochi online"[15]e vediamo che ci sono circa 5.910.000 risultati che contengono quella stringa.

"Giochi online"

Circa **5.910.000** risultati (0.23 secondi)

GIOCHI GRATIS ONLINE by Flashgames.it - Giochi gratis in flash ...
www.flashgames.it/
Giochi online gratis, raccolti in un vasto archivio di giochi on line. Giochi gratis, Giochi flash sportivi, giochi sexy, giochi avventura, e molti altri, tutti ...
Biliardo Multiplayer - Scopa Multiplayer - Briscola Multiplayer - Giochi sexy

Gioco.it - Giochi Gratis Online, Giocare Gratis!
www.gioco.it/
I più bei **giochi online** gratis per tutti! Giochi ... Con i giochi per bambini, i giochi per ragazze e i giochi di sport a volontà ci sono un sacco di **giochi online** per tutti. ...
Giochi al Femminile - Abilità - Multigiocatore - Carte e da Tavolo

GIOCHI ONLINE .Org - Giochi Gratis in Flash
www.giochionline.org/
Vasta collezione di giochi gratuiti ed utilizzabili online in formato flash e shockwave.

GIOCHI ONLINE GRATIS su GiochiOnline.it - Giochi Gratis Online in ...
www.giochionline.it/
Giochi Online - migliaia di **giochi online** gratis. Migliore raccolta di arcade, adventure, puzzles, azione, sport e molto altro ancora giochi a Giochionline.it.

giochi e giochi gratis
www.microgiochi.com/
La miglior pagina di giochi gratis e **giochi online**. Tutti i **giochi online** sono gratis al

---

[15] Il testo racchiuso fra doppie virgolette, indica che Google ricerca esclusivamente le pagine web che contengono esattamente la sequenza di caratteri digitata, senza altri spazi o caratteri intermedi. Ne consegue che le pagine che trova il motore e che includono quel testo, molto probabilmente sono ottimizzate per quella determinata frase chiave.

È un numero enorme con oltretutto diversi competitori che fanno pubblicità Adwords[16]. Il numero di pagine in indice nel motore può infatti aiutarci a individuare a che livello ci troviamo nella linea descrittiva del nostro target. In questo caso ci troviamo all'interno di un vasta area dei giochi online, e non abbiamo raggiunto una nicchia specifica.

2) Cerchiamo allora di limitare il target digitando "Giochi di ruolo online" e vediamo che Google mi restituisce circa 509.000 risultati.

3) Restringiamo ulteriormente la nostra ricerca digitando "Giochi di strategia online" e trovo circa 89.900 risultati.

---

[16] Google AdWords è il prodotto pubblicitario di Google e anche la sua principale fonte di reddito. Comprende la distribuzione locale, nazionale e internazionale. Dispone di annunci di testo composti da un titolo e due righe di testo aggiuntivo e di annunci illustrati realizzati in formati standard (IAB)
Using Google AdWords in the MBA MIS Course - Journal of Information Systems Education, Vol. 20(1) - Mark A. Rosso Marilyn K. McClelland Sundar W. Fleming School of Business North Carolina Central University, Bernard J. (Jim) Jansen College of Information Sciences and Technology The Pennsylvania State University

"Giochi di strategia online"

Circa 89.900 risultati (0,21 secondi)

Gioco di strategia online | desert-operations.it
www.desert-operations.it
Gioca a Operazioni deserto sul tuo browser gratis!

Gioca subito gratis - Fonda la tua città | Grepolis.com
www.grepolis.com
Sfrutta il potere degli die

Bigpoint: sito di giochi | bigpoint.com
www.bigpoint.com
Milioni di giocatori aspettano: Gioca online su Big-point.it!

Giochi di strategia - Flashgames.it
www.flashgames.it/giochi-flash/strategia.html
25+ elementi – Giochi di strategia, tutti i migliori giochi online strategia gratis ...
Battle Stance - Human Campaign   Dopo aver invaso la Terra abitata dagli ...
Demonrift TD   Difendete il regno di Emaeron dalle ...

Giochi Strategia online - Tutto Gratis
giochi.tuttogratis.it/giochionline/giochi-strategia.html
Sei un utente Facebook? Ricevi le news di Giochi nella tua Email. Iscriviti. Vedi
esempio. Altri **Giochi di Strategia online**. Aerei · Baby Sitter · Bancone · Battaglia ...

In questo caso abbiamo definito con una certa accuratezza lo specifico bisogno da soddisfare dell'utente, ci muoviamo in un ambito di nicchia, quello dei giocatori a cui piacciono i giochi di strategia[17]. In questo caso è probabile riuscire ad entrare nei primi

---

[17] Se la mia parola chiave principale è valida per più lingue (specialmente inglese), la ricerca di Google mi fornirà i risultati di tutti i motori, non solo quelli di Google Italia. Ad esempio se digito "golf" i risultati nelle S.e.r.p. (Search engine result position, cioè i risultati che appaiono nella pagina di Google dopo avere digitato la mia frase chiave) sono 1.470.000,000 sia se uso Google.it che se uso Google.com

risultati di ricerca per le parole chiave scelte, però avere trovato nicchia in cui è possibile affacciarsi con i propri contenuti nella prima pagina di Google non significa necessariamente raggiungere l'obiettivo prefisso, perchè non si deve fare nemmeno l'errore di scegliere una nicchia troppo piccola che non dia opportunità di reddito.

2.4.4. Idee per trovare una buona nicchia

Nuove nicchie nascono continuamente, esse sono legate ai molti temi emergenti della società. Quello che consiglio è di ampliare la visione che si ha di Internet e individuare i canali che sono in grado di descrivere ciò che è in discussione in molte aree dei grandi mercati, bisogna capire cosa vuole le gente. «[...] I nuovi media rendono visibili e accessibili pensieri, comunicazioni, emozioni ed identità che prima rimanevano privati e nascosti.» [18]Il Centro Studi di Etnografia Digitale ci può dare un ottima indicazione sulla

---

[18] Centro Studi di Etnografia Digitale: organizzazione no-profit finalizzata alla ricerca che riunisce sociologi, marketer ed esperti del Web.

strada da percorrere: «[…] La Netnografia[19], attraverso l'utilizzo strategico e capillare dei nuovi media digitali, si occupa di studiare e comprendere le nuove forme di vita culturali emergenti nella Rete e nella società.» «[…] Il Web sociale diventa l'habitat naturale per la germinazione di ciò che il filosofo Paolo Virno chiama Intellettualità di Massa: un sistema di coscienze interconnesse "votate" alla produzione di beni immateriali, intesi sia come informazione, comunicazione e conoscenza, che come sostrato relazionale ed affettivo che tale produzione sostiene e di fatto rende possibile. Intellettualità di massa a cui, soprattutto, contribuiscono quelle nuove generazioni che sembrano tanto improduttive e "depresse" nel mondo offline.»

«[…] Il target privilegiato della netnografia è la web tribe, intesa come aggregato conversazionale situato nel contesto digitale dei social media, che si coagula attorno alle discussioni su determinati brand o prodotti.» Una analisi di tali fenomeni ci permette di estrapolare indicazioni molto utili in fase di avvio del progetto di webmarketing, «[…] Questo tipo di analisi ci permette di

---

[19] Letteralmente etnografia dell'Internet, è un metodo di ricerca qualitativa precipuo e funzionale al social media marketing, ovvero a quella tecnica di marketing che monitora e "capitalizza" le informazioni prodotte ed emergenti dalle interazioni comunicative degli utenti della Rete all'interno dei social media. Alex Giordano - Ninja Marketing: Metodo Netnografico ed Analisi Interpretativa: due strumenti strategici per dialogare con le Web Tribes

comprendere non solo se un brand/prodotto è percepito dagli utenti in maniera positiva o negativa, ma anche perché è valutato in un determinato modo e quali sono i toni, le sfumature linguistiche, attraverso cui tale percezione si articola.» «[...] L'osservazione netnografica e l'analisi interpretativa consentono di accedere ad un dato tanto qualitativo quanto (estremamente) oggettivo: il dato culturale. Infatti la cultura, nel senso antropologico del termine, sebbene prodotta dalle concrete interazioni di individui singoli, è per definizione collettiva, quindi si pone come forza sovra-individuale che orienta il comportamento individuale. Questo, allora, fa sì che la netnografia e l' analisi interpretativa si configurino, non tanto come strumenti per "sottrarre" delle informazioni alle web tribe, ma piuttosto come strumenti strategici per accedere al loro "cuore affettivo", ovvero come strumenti strategici per dialogare con le web tribe attraverso il loro stesso linguaggio.»

Prima di vedere come si può operare nella "pratica" mi sembra opportuno specificare che a volte per trovare gli insight giusti occorre anche partecipare e non solo osservare perchè è partecipando che si acquisiscono le prospettive che ci permettono di interpretare fenomeni e comportamenti utili alla realizzazione del nostro progetto.

Un elenco dettagliato dal quale trarre informazioni potrebbe essere questo:

A) Google Gruppi (e/o Yahoo Gruppi): Offre un ottimo modo per la ricerca di certe "tribù" o un insieme di persone che condividono un interesse verso uno specifico mercato.

B) Twitter Search: possiamo usare la casella di ricerca Twitter. È un ottimo modo per vedere di cosa si sta discutendo in tempo reale riguardo una determinata nicchia di interesse.

C) Yahoo Answers: mostra domande concrete della gente su un argomento di nicchia. Possiamo fare delle ricerche mirate verso la categoria oggetto del nostro interesse per trarre parecchi spunti.

D) EBay Pulse: le tendenze e i prodotti più cercati su Ebay Italia. Possiamo ricercare in ciascuna categoria per scoprire un enorme elenco di ciò che è stato venduto dal sito di aste più grande del mondo.

E) Google Blog: con Google Blog Search, si inserisce la nostra parola chiave generale per vedere ciò che è stato scritto nei blog in riferimento ad essa. Posso anche essere costantemente aggiornato sui risultati attraverso la mail o un servizio feed RSS.

F) Amazon.it: cerco tra le categorie quei prodotti che hanno più recensioni da parte degli utenti. Solo una piccola percentuale di persone che acquistano i prodotti su Amazon decide di lasciare una recensione, quindi, se molte persone lasciano un commento allora è probabile che sia elevata la domanda di acquisto dei prodotti di quella nicchia.

G) Forum: ad esempio, se mi interessano i giochi, digito in Google 'giochi forum' e trovo diversi forum all'interno dei quali trovo molte idee di nicchia.

H) Google Trends: indica qual'è il trend per determinate parole chiave, anche nel lungo periodo. Nella casella di ricerca inseriamo una o più parole relative alla nicchia che vogliamo esaminare e premiamo il pulsante search trends.

I) YouTube: digitiamo la nostra query e guardiamo i risultati. Troveremo spunti interessanti e commenti che ci possono fornire nuovi termini e argomenti, possiamo scoprire nuovi contenuti, a completamento dei nostri futuri articoli, grazie alla funzione di correlazione dei video di Youtube.

L) Facebook: Possiamo cercare le pagine fan a tema con il nostro business e trarne indicazioni dai commenti degli utenti.

M) WikiHow (in inglese): è pieno di categorie, fornisce ottime indicazioni per trovare nicchie non ancora sfruttate.

N) About.com (in inglese): il sito è un enorme enciclopedia di informazioni per ogni nicchia. Basta fare una ricerca per parole chiave per ottenere numerosi articoli correlati che ci servono a capire cosa cercano le persone in un determinato mercato.

Oltre al metodo appena visto, a mio parere il migliore per completezza di analisi e abbondanza di spunti, per trovare nuove nicchie possiamo ricorrere ancora una volta alla potenza di Google:

A) Osservazione degli annunci sponsorizzati Adwords: basta fare una qualsiasi ricerca su Google. In base alla quantità degli annunci sponsorizzati possiamo farci un'idea se quell'argomento può essere abbastanza redditizio. Adwords e Adsense sono strettamente collegati tra loro in quanto gli annunci Adsense che compariranno sul nostro sito, sono quelli degli inserzionisti Adwords.

B) Osservazione delle parole chiave problema: queste frasi, ottime per le conversioni, si riferiscono agli utenti che hanno disperatamente bisogno delle migliori informazioni per risolvere un problema. Parole come progettare, prevenire, accessori, rimedio, inizio, prezzo, informazioni, come fare ..., indicazioni, consigli, programmi, promozioni, fai da te, istruzioni, codice gioco, etc. etc. indicano una necessità da soddisfare. Queste vanno selezionate e collezionate per poterle utilizzare ogni qualvolta si faccia una ricerca di nicchia.

C) Google Insights for Search:

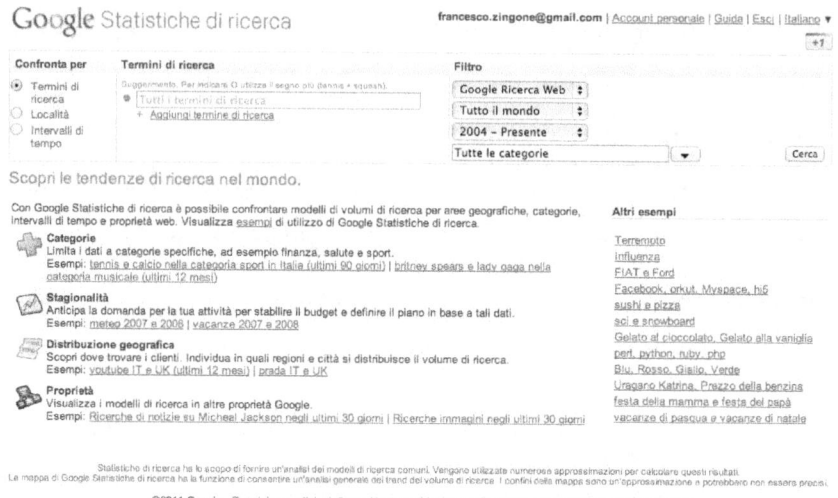

«[…][20] grazie a questo tool si possono analizzare le parole chiave e i termini di nostro interesse che sono stati cercati su tutti i domini di Google seguendo tre possibili alternative»:

1) ricerca per parole chiave

2) ricerca geografica

3) ricerca temporale.

Queste ci permettono di stabilire:

1) la popolarità delle parole chiave in generale e per categorie specifiche

2) la distribuzione geografica delle ricerche

3) la stagionalità delle ricerche.

---

[20] Francesco Tinti (mister.jinx): http://www.ilgiornale.it/news/insights-search-locchio-sul-web.html

38

Quando si inseriscono le keyword valgono le stesse regole del motore di ricerca di Google, si possono cioè indicare sia keyword singole come ipod che keyword phrases tra virgolette come "apple ipod".

«[…][21]Google Insights for Search è pensato per chi ha un account Google perché eseguendo le ricerche da utenti loggati, il tool restituisce nei dettagli ogni risultato con riferimenti numerici, se invece si fanno ricerche in maniera anonima, i risultati forniti saranno privi dei riferimenti numerici e quindi meno interessanti».

Infine, l'ultimo metodo che intendo proporre per la ricerca di nicchie è quello che potremmo chiamare "metodo dell'edicola": esistono vari siti con elenchi di riviste dove possiamo trovare una vasta gamma di riviste che trattano tutti i mercati possibili. Se un mercato ha una propria rivista, quasi certamente esiste un potenziale profitto. Una volta che ci siamo fatti un idea, si può andare in edicola o in biblioteca ed esplorare la nicchia leggendo varie riviste.

---

[21] Francesco Tinti (mister.jinx): http://www.ilgiornale.it/news/insights-search-locchio-sul-web.html

2.4.5. Potenziale delle keyword

La ricerca della nicchia è il primo passo, ma è attraverso le parole
chiave digitate su Google che ci troveranno gli utenti del web. Per
ogni pagina indicizzata, i motori attraverso algoritmi sofisticatissimi,
memorizzano le informazioni in essa contenute in maniera tale da
restituire ad ogni ricerca dell'utente, una lista di pagine pertinenti
la richiesta. Scegliere quindi su quali keyword basarsi, è la base del
progetto di posizionamento. Occorre studiarle a lungo per capire
quali siano le parole che il pubblico utilizza per cercare determinati
prodotti o servizi, per conoscere la frequenza delle stesse e per
orientarci circa la possibilità di ranking che può offrire ognuna di
esse. Definire le keywords strategiche per il mercato di riferimento,
potrebbe inoltre facilitarci il compito di quantificazione del nostro
bacino di potenziali visitatori.

Le keyword hanno un potenziale differente sulla base della loro
rilevanza sia per le conversioni che per il rendimento potenziale. Vi
sono parole che convertono più di altre (nel caso di affiliazioni) o
che vengono pagate meglio (nel caso di Google Adsense). In linea
generale potremmo classificare secondo quest'ordine di rilevanza:

1) Parole chiave prodotto: comprendono il nome del prodotto (può
essere anche una persona fisica, non mi riferisco solo alla vendita
di beni materiali) e parole come comperare, acquistare o ordinare
accanto alla parola chiave prodotto. Queste frasi indicano la volontà
di azione da parte dell'utente. In questo caso siamo molto facilitati,

perchè saremo chiamati a contribuire alla vendita solo scrivendo una recensione con un bel link di affiliazione.

2) Parole chiave problema: quando l'utente fa una ricerca in Google per risolvere un problema, spesso accanto alla parola chiave principale, utilizza delle parole esclusivamente atte alla risoluzione del problema. Ad esempio per riparare un'automobile oltre ad usare la parola primaria automobile, si useranno altre parole come risolvere, aiuto, riparare, aggiustare etc. Queste sono le "parole chiave problema", cioè quelle che mostrano come l'utente sta attivamente cercando di risolvere un problema. Le parole problema segnalano una effettiva necessità che viene ricercata in rete e quindi ci permettono anche di scoprire nicchie interessanti.

3) Parole chiave generiche di prodotti di nicchia: sono le frasi digitate dalle persone che sono alla ricerca di un prodotto di nicchia ma che non sanno ancora esattamente a quale prodotto riferirsi. Per esempio: pannelli solari.

4) Parole chiave vagamente correlate: sono le peggiori, sono quelle che spesso stanno dietro a contenuti non pertinenti. Ad esempio cerco una protezione contro le zanzare e trovo un antiparassitario per gatti. La rilevanza è molto importante.

2.4.6. Procedure e strumenti per trovare le parole chiave della mia nicchia

Gli strumenti che possiamo utilizzare per fare una buona ricerca di parole chiave sono diversi, proporrò di seguito i più accessibili, quelli che possiamo utilizzare senza spendere denaro. Se ho già in mente una keyword dal quale partire,
il primo e più immediato è Google Suggest, un'applicazione che guida gli utenti nella scrittura della query aiutandoli a scegliere i termini migliori per la propria ricerca.
Avrete sicuramente già visto una schermata di questo tipo:

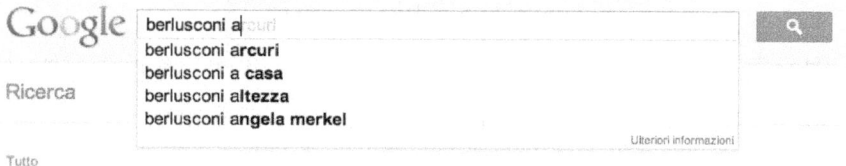

quindi, se volessi fare un progetto web politico, potrei decidere di scrivere articoli anche sulla base dei suggerimenti di Google. L'utente medio sarà infatti portato a seguire i suggerimenti forniti (ovvero ad indirizzarsi verso le ricerche più popolari), e non a scrivere "di suo pugno" l'elenco di parole chiave che aveva in mente. Risultato? molti siti e blog potrebbero perdere parecchi accessi derivanti dalla long tail (che, solitamente, costituisce la maggior fonte di traffico). Rimedio? è quello di cercare di ottimizzare le proprie pagine studiandosi le query suggerite da Google Suggest, magari puntando sulle keyword ai primi posti della lista, che dovrebbero essere quelle dove "cade" più con frequenza il mouse dell'utente. Per sfruttarlo al meglio non dobbiamo fermarci alla semplice parola ma aggiungere anche una lettera (keyword spazio a, keyword spazio b, ... etc). Un software gratis che sfrutta bene i suggerimenti di Google Suggest si chiama Übersuggest[22]. Inserendo la mia parola chiave, il programma mi restituisce una serie di keywords ordinate alfabeticamente. Google suggest è molto immediato ma non molto completo. Esistono sistemi più affidabili tra i quali il migliore a mio parere è il Keyword Tool di Google[23].

---

[22] http://suggest.thinkpragmatic.net/

[23] https://adwords.google.com/select/KeywordToolExternal

Trova parole chiave

In base a una o più delle seguenti opzioni:

Parola o frase (una per riga)   Sito web

giochi facebook

☑ Mostra solo idee strettamente correlate ai miei termini di ricerca ⓘ

⊞ Opzioni avanzate e filtri   Località:Italia ✕   Lingue:Italiano ✕   Dispositivi: computer desktop e portatili

    Cerca

Accedi con i tuoi dati di accesso AdWords per visualizzare la serie completa di idee per questa ricerca.

Scarica ▾   Visualizza come testo ▾   Altri risultati simili ▾

⊟ **Termini di ricerca (1)**

Parola chiave	Concorrenza	Ricerche mensili globali ⓘ
☆ giochi facebook		49.500

Vai alla pagina: 1 Mo

⊟ **Idee per le parole chiave (73)**

Parola chiave	Concorrenza	Ricerche mensili globali ⓘ
☆ tutti i giochi di facebook		1.000

Scarica ▾   Visualizza come testo ▾   Altri risultati simili ▾

⊟ **Idee per le parole chiave (73)**

Parola chiave	Concorrenza	Ricerche mensili globali ⓘ
☆ giochi facebook in italiano		1.600
☆ giochi di facebook		9.900
☆ facebook giochi		49.500
☆ facebook giochi gratis		3.600
☆ giochi facebook gratis		3.600
☆ migliori giochi facebook		1.300
☆ nuovi giochi facebook		590
☆ i migliori giochi di facebook		390
☆ giochi per facebook		2.900
☆ giochi su facebook gratis		880
☆ tutti i giochi di facebook gratis		73

Digitando la mia parola chiave principale, ottengo diverse indicazioni:

A) quante volte viene cercata su base mensile e quali sono le parole chiave correlate alla mia.

Ad esempio, se cerco "Giochi Facebook", Google mi suggerisce anche 'tutti i giochi di facebook' 'trucchi giochi facebook' 'giochi di facebook gratis' 'migliori giochi facebook' ... e così via. Dovremmo guardare ogni singola keyword e chiederci quali siano pertinenti al nostro scopo e quali non vorremmo mai associarle alla nostra keyword.

B) Nella colonna concorrenza vedo il grado di competizione per ogni chiave di ricerca. Inizialmente sarebbe buona regola concentrarsi sulle chiavi di long tail che pur avendo un volume di traffico mensile più basso avranno minore competizione. Le chiavi di Long Tail sono composte da più parole che specificano nel dettaglio la caratteristica dell'oggetto cercato. Se una delle top keywords è ad esempio "Giochi Facebook", le parole chiave della coda lunga saranno "trucchi giochi facebook", "migliori giochi facebook", ecc. Lavorare con queste chiavi presenta un duplice vantaggio, si ottiene una riduzione dello sforzo per posizionarsi bene nei motori e un maggior tasso di conversione essendo espressione di esigenze precise.

Se non ho in mente alcuna parola chiave principale dalla quale partire, possiamo iniziare la nostra ricerca con le generiche "parole chiave problema". Personalmente mi piace iniziare con 20/30 parole, poi se il mio sito ha potenzialità amplio le keyword anche a quelle con un volume di ricerca basso.

Possiamo comunque stabilire criteri differenti per ciascuna delle quattro tipologie di parole chiave. Mark Ling[24], suggerisce differenti

---

[24] Affilorama founder: educational and training community site for affiliate marketers

volumi di ricerca sulla base delle differenti potenzialità di keyword. Ad esempio per la ricerca di query adatte a creare articoli su "parole chiave prodotto" consiglia un volume di ricerca di 50 al mese, per le "parole chiave problema" 150, per le "parole chiave generiche di prodotti di nicchia" 250 e infine per le "Parole chiave vagamente correlate" almeno 500 al mese. Questi numeri possono rappresentare una buona regola ma se pensiamo che il nostro sito web abbia bisogno di un articolo su un determinato prodotto per renderlo più completo in termini di contenuto, dobbiamo scriverlo anche se il volume della keyword relativa è scarso, anche pari a zero se pensiamo che il prodotto da recensire avrà successo in futuro. Se ad esempio abbiamo un blog di giochi e sappiamo che è in uscita un nuovo gioco, possiamo scrivere qualcosa sul nuovo gioco in modo da trovarci avvantaggiati rispetto alla concorrenza.

2.4.7. Conoscere il valore potenziale di rendimento delle keyword

Per vedere quanto viene pagata in media una determinata keyword, dobbiamo iscriverci a Google Adwords e simulare una campagna promozionale. Ci sono parole più pagate di altre e saperlo potrebbe indirizzare la nostra produzione di contenuti verso quelle con maggior rendimento per trarre i massimi benefici dal programma pubblicitario di Google dedicato ai publisher: "Google Adsense[25]".

Se ad esempio ci interessano le parole relative agli abiti da sposa, vediamo che i potenziali inserzionisti sono disposti a pagare per "abito sposa" 30 centesimi a click.

		Parola chiave	Gruppo di annunci	Stato ⓘ	CPC max	Clic ⓘ	Impr.	CTR ⓘ
☐	●	abito sposa	Gruppo di annunci n. 1	🗩 Al di sotto dell'offerta per la prima pagina Stima di offerta per la prima pagina:€ 0,30	€ 0,20	0	0	0,00%
☐	●	abito sposa milano	Gruppo di annunci n. 1	🗩 Al di sotto dell'offerta per la prima pagina Stima di offerta per la prima pagina:€ 0,35	€ 0,20	0	0	0,00%
☐	●	abito sposa economico	Gruppo di annunci n. 1	🗩 Al di sotto dell'offerta per la prima pagina Stima di offerta per la prima pagina:€ 0,25	€ 0,20	0	0	0,00%
☐	●	abito sposa invernale	Gruppo di annunci n. 1	🗩 Idonea	€ 0,20	0	0	0,00%
☐	●	abito sposa corto	Gruppo di annunci n. 1	🗩 Al di sotto dell'offerta per la prima pagina Stima di offerta per la prima pagina:€ 0,30	€ 0,20	0	0	0,00%
☐	●	abito sposa 2011	Gruppo di annunci n. 1	🗩 Al di sotto dell'offerta per la prima pagina Stima di offerta per la prima pagina:€ 0,30	€ 0,20	0	0	0,00%

Toolbar: ✚ Aggiungi parole chiave | Modifica ▾ | Modifica stato... ▾ | Visualizza i termini di ricerca... ▾

---

[25] consente di monetizzare il traffico sul proprio sito ospitando annunci testuali e/o banner grafici, forniti da Adwords sul modello PPC (pay per click) e sul principio della contestualizzazione degli adverts rispetto ai contenuti delle pagine ospitanti.

Sottraendo a questo importo il 32% che si trattiene Google[26], possiamo ottenere una stima di quanto otterremo se l'utente cliccherà su un annuncio presente nel nostro sito, cioè 20,4 centesimi a click.

Con queste informazioni potremmo valutare in anticipo la redditività della nicchia.

2.4.8. Concorrenza sulle keyword

Dopo aver effettuato la scelta delle parole chiave , andiamo ad analizzare i siti concorrenti che sono posizionati ai primi posti in Google per le keyword che abbiamo scelto.

Perchè facciamo questa rilevazione? Per capire con quale criterio e perchè Google ha posizionato quel sito al primo posto per quella determinata parola chiave.

Una volta trovati i nostri siti concorrenti, esistono vari software che ci permettono di fare analisi comparative. Ad esempio potremmo utilizzare Traffic Travis[27] che è un tool gratuito. Iniziamo una prima analisi   Seo[28],   per   "risiko   online":

---

[26] http://it-adsense.blogspot.com/2010/05/quota-di-compartecipazione-alle-entrate.html

[27] www.traffictravis.com

[28] Search Engine Optimization: Si intendono tutte quelle attività finalizzate ad aumentare il volume di traffico che un sito web riceve dai motori di ricerca. Tali attività comprendono l'ottimizzazione sia del codice sorgente della pagina, sia dei contenuti. - Lorenzo Toscano, SEO Strategy - Conoscenza, tecniche e strumenti per essere visibili su Google e Social Media, UNI Service, Trento, 2009

SEO Analysis

Phrase to Analyze: risiko online   **Search Location**: Italy   **Analyze Top**: 20 results   Analyze   Save report

Rank	Website	PR	Age	BL
1	http://www.ecogiochi.it/giochi-gratis-online/simulazione/risiko-1-world-wars/	3	3	47
2	http://r1s1k0.kalicanthus.it/	2	4	658
3	http://rd2.kalicanthus.it/	2	4	117;
4	http://www.fantagiochi.it/2007/05/risiko-on-line.php	2	7	14
5	http://www.giochi-flash.net/giochi-gratis-flash/arcade/719_Risiko__World_Wars.html	0	5	0
6	http://www.flashgames.it/dicewars.html	2	7	142;
7	http://www.navigaweb.net/2009/06/giochi-da-tavola-e-di-societa-online.html	1	3	14
8	http://www.tuttogratis.it/giochi_gratis/giochi_risiko_online.html	1	11	0
9	http://it.answers.yahoo.com/question/index%3Fqid%3D20090503110252AAr9pqV	0	5	0
10	http://www.gpor.it/netpigs-online	0	8	0
11	http://www.downloadblog.it/post/793/giocare-a-risiko-online-su-google-maps	2	5	26
12	http://www.giochigratisonline.eu/giochi-da-tavolo/1428-risiko-online-sensou.html	1	2	0
13	http://www.ilbloggatore.com/a1/2009/07/29/risiko-online-gratis-in-italiano/	0	3	0
14	http://risikoclubleonessabrescia.forumcommunity.net/%3Ft%3D4307230	0	3	0
15	http://www.facebook.com/group.php%3Fgid%3D76897092332	0	0	0
16	http://www.flashgames.it/giochi-flash/risiko.html	2	7	0
17	http://domanderisposte.tuttogratis.it/giochi-strategia-gratis/9596/si-puo-giocare-a-risiko-online/14...	0	4	0
18	http://it.ewrite.us/come-giocare-a-risiko-on-line-13873.html	0	2	0

	BLS	TBL	DMOZ	YAHD	Title	Desc	H1 Tag	GCA	CEXT
	232312	0	✓	✗	✓	✓	✗	1	0
	207336	0	✗	✗	✗	✗	✗	1	0
76	11795	0	✗	✗	✗	✗	✗	1	0
	13962	0	✓	✗	✓	✓	✓	3	0
	28363	0	✓	✗	✗	✗	✗	1	0
2	2628203	0	✓	✗	✗	✗	✗	1	0
	209754	0	✓	✗	✗	✗	✗	4	0
	5071655	0	✓	✗	✓	✓	✓	4	0
	3994101	0	✗	✗	✗	✗	✗	3	0
	221993	0	✓	✗	✗	✗	✗	1	0
	3912433	0	✓	✗	✓	✗	✓	1	0
	17086	0	✓	✗	✓	✓	✓	1	0
	1769775	0	✗	✗	✓	✓	✓	3	0
	157	0	✗	✗	✗	✗	✗	10	0
	16195330...	0	✓	✓	✗	✗	✗	2	0
	2628203	0	✓	✗	✗	✗	✓	2	0
	17258	0	✗	✗	✓	✗	✓	4	0
	109616	0	✗	✗	✗	✗	✗	1	0

Il programma mi restituisce l'elenco dei siti web che occupano le prime 20 posizioni nelle s.e.r.p. di Google. Tenendo conto di fattori quali: l'età del dominio, il page rank[29] della pagina, il numero di backlink[30], che sia o meno in elenco nella directory DMOZ[31] e Yahoo, se la frase chiave è contenuta nel titolo o nel tag H1[32] e così

---

[29] Il Page Rank è un valore numerico (che va dallo 0 al 10) che Google attribuisce ad ogni pagina Web che indicizza. Questo valore è calcolato grazie a complessi algoritmi e si basa sui link ricevuti da una pagina, (il valore di pagerank sale anche con l'aumentare del numero di link che puntano alla pagina), ma a differenza della semplice Link Popularity: invece di tener conto solo della quantità dei link ricevuti, il PageRank prende in considerazione anche il valore di PageRank delle pagine che offrono i link. In pratica un link ricevuto da una pagina che ha un PR alto vale molto di più di un Link ricevuto da una pagina con PR basso. Il valore di PageRank di una pagina, non indica semplicemente il suo grado di "popolarità" sul web ma si spinge oltre fino a indicare un grado di "autorevolezza". Il PageRank è uno (non l'unico) dei tanti fattori che contribuisce a determinare la posizione della pagina stessa nei risultati delle ricerche. Fonte: http://www-db.stanford.edu/~backrub/google.html

[30] Un backlink (abbreviato talvolta con BL) è un link ipertestuale che punta ad una determinata pagina web. Importante per la Link Popularity non è solo il numero o la qualità dei link, ma anche dell'attinenza degli stessi, in pratica sono sicuramente molto più importanti i link provenienti da siti o pagine Web che hanno contenuti simili o correlati alle pagine linkate, piuttosto che i link provenienti da siti con contenuti completamente differenti.

[31] Open Directory Project è una directory multilingue di link nel World Wide Web, conosciuta anche come DMoz abbreviazione di Directory.Mozilla. La particolarità di DMOZ è rappresentata dal fatto che sia "aperta", cioè l'iscrizione alla directory è gratuita, svincolando i risultati delle ricerche da qualsiasi vincolo commerciale, ma legandoli solo al contenuto dei siti. E' mantenuta da moltissimi editori volontari provenienti da tutto il mondo, ai quali viene assegnata una o più categorie.
Quando un sito viene suggerito in una categoria, l'editor utilizza un regolamento ben preciso che applica nella valutazione per poi decidere se inserirlo o meno nella directory.

[32] I TAG H1 ed H2 vengono definiti TAG di intestazione e vengono quindi usati come titolo e sottotitolo introduttivo di un paragrafo di testo. Quando si vuole ottimizzare una pagina web è di vitale importanza l'utilizzo corretto dei TAG di Heading per aiutare i motori di ricerca a capire di cosa stiamo parlando.

via … Si potrebbe rilevare nell'esempio fatto che ad una top page mancano i tag di intestazione del corpo del testo <h1> contenenti la parola chiave esaminata. Questo potrebbe già essere un aspetto migliorativo che potremmo utilizzare noi nel nostro sito.

2.4.9. Suggerimenti per affrontare la concorrenza di nicchia

Proviamo a immaginare che le nicchie presenti in rete siano come i prodotti proposti sugli scaffali dei supermercati. I vari reparti del supermercato sono più o meno redditizi a seconda dei prodotti che sono presenti in essi, allo stesso modo le nicchie di diverse aree possono essere più o meno proficue a seconda dell'area a cui appartengono. Ci sono reparti più competitivi di altri dove i singoli prodotti per affermarsi devono competere maggiormente ma d'altro canto se c'è concorrenza, vuol dire che si tratta di una nicchia di mercato remunerativa.

Cosa possiamo fare se siamo interessati ad un reparto potenzialmente più remunerativo ma con tanti concorrenti?

La prima cosa che potremmo fare è quella di restringere la nicchia per trovare qualcosa di trascurato o meglio sottovalutato con un traffico molto targettizzato. L'ideale sarebbe quello di trovare uno spazio anche molto piccolo che ci possa permettere di essere i primi a proporre il prodotto. Spesso però la nicchia è satura e di posti liberi sullo scaffale non se ne trovano nemmeno con il lumicino. Che fare allora? Cercare di distinguersi dalla massa. Offrire qualcosa che non esiste da nessuna altra parte. Ciò non vuol dire arrivare per primi all'interno di una nicchia, vuol dire arrivare per primi a presentare una tipologia di prodotto con caratteristiche uniche. Devo aumentare rispetto alla concorrenza il valore percepito del mio prodotto. In altre parole, devo creare la mia USP[33] (Unique Selling Proposition, cioè proposta di vendita unica). Ad esempio potremmo differenziarci da tutti gli altri in base ai contenuti che creo e come questi si possano posizionare con le giuste parole chiave.

Nel supermercato in nessuna confezione di dentifricio leggeremo che serve semplicemente per la pulizia dei denti. Ogni azienda cerca di differenziarsi dalle altre in qualche modo. Ecco allora che il dentifricio sbiancherà i denti, curerà le gengive sanguinanti, riparerà lo smalto dei denti, eliminerà più placca batterica, etc.

Per tornare su tematiche web, quando fu avviato il forum GT[34], non era l'unico a trattare di SEO, ma fece una sua USP. Mentre gli altri forum di settore erano molto settari e fornivano informazioni solo a chi avesse già una padronanza elevata della materia, il forum GT

---

[33] modello teorico di funzionamento della pubblicità formulato da Rosser Reeves negli anni quaranta. Secondo tale principio una pubblicità, affinché possa essere efficace, deve puntare su "un unico argomento di vendita" (Selling point). E per unico s'intende una caratteristica propria di un prodotto che non è appannaggio della concorrenza.
Facendo leva su un'unica ragione logica per la quale converrebbe acquistare un prodotto, sarebbe possibile eliminare rischi di dispersione e concentrare lo sforzo persuasivo su una sola proposta di vendita che il destinatario della pubblicità finirebbe per ricordare nel tempo e fare propria. - Lever, Franco; Rivoltella, Pier Cesare; Zanacchi, Adriano. La comunicazione. Il dizionario di scienze e tecniche. Roma, Rai-Eri, Elledici, Las, 2002.
[34] http://www.giorgiotave.it/forum/

diede inizio ad una forma di divulgazione molto semplice verso tutti gli utenti tale da beneficiarne fino a diventare il forum SEO leader di nicchia con oltre 70.000 iscritti. Cosa determinò il suo successo? semplicemente il tono con cui si poneva nei confronti degli utenti, era unico e differente dagli altri.

2.5. Il Personal branding

Ogni persona ha una sua rete sociale, un gruppo di familiari, amici e colleghi con cui è connessa in qualche modo. I social media con la loro incessante conversazione e con gli innumerevoli servizi atti a produrre e distribuire contenuti e diffondere opinioni, costituiscono una cassa di risonanza straordinaria per qualsiasi attività che svolgiamo , cosa che possiamo sfruttare per tutti i progetti che abbiamo intenzione di avviare. Mentre prepariamo i contenuti del nostro progetto, può quindi rivelarsi molto utile creare un proprio **Personal Brand**[35] inteso come un mix di reputazione, comunicazione, competenze e soprattutto relazione, perchè non è la stessa cosa iniziare da sconosciuti o da utenti che godono di una certa visibilità.

Tom Peters, già nel 1997 suggeriva nell'articolo intitolato "The Brand Called You" che: «[...] qualsiasi sia la mia estrazione sociale

---

[35] L'insieme di valori, competenze, visioni, passioni, caratteristiche e ricordi in genere che immediatamente chi ci sta attorno collega alla nostra comparsa fisica o anche solo virtuale. Sebastiano Zanolli - Io, società a responsabilità illimitata. Franco Angeli

o età, io sono di fatto il presidente, l'amministratore delegato e il responsabile marketing dell'azienda chiamata Io Spa. La mia reputazione e la mia credibilità dipendono da quanto efficacemente riesco a comunicare la mia competenza e a distinguermi dagli altri, determinando così la qualità del mio lavoro futuro»[36].

Per fare del buon personal branding potremmo esprimerci lungo le seguenti direttrici:

A) condivisione: condividere le nostre conoscenze per aiutare gli altri è utile per dimostrare competenza, per stringere relazioni e per avvantaggiarsi della collaborazione di tutti gli altri utenti.

B) conversazione: uitle per scoprire nuove idee, conoscere nuove persone e farsi conoscere.

C) gestire la propria reputazione: possiamo verificare quello che si dice di noi o sugli argomenti che ci riguardano, nei motori di ricerca e nei vari servizi.

Ma come iniziare? Può essere utile conoscere alcune regole che possono favorire il nostro inserimento perchè ogni comunità o sito di nicchia ha le sue regole precise e prima di entrarvi occorre spendere tempo a leggere contributi e commenti dei membri più attivi. E' quella che Luigi Centenaro[37] chiama "Community Pacing" «[...] Aspettare per un po' in disparte, vedere lo stile delle conversazioni,

---

[36] http://www.fastcompany.com/magazine/10/brandyou.html

[37] Personal Branding con i Social Media: come gestire la tua immagine e proteggere la tua reputazione con i Blog, le Reti Sociali e gli altri strumenti del Web2.0 - pag 69

inziare a stringere qualche relazione, condividere contenuti che interessino agli altri membri. [...] inziare tenendo un profilo basso, poi si vedrà». Secondo Stefano Principato[38] dovremmo: trovare le nostre parole chiave, analizzare le fonti esistenti (siti e blog), individuare gli influenti, sviluppare i contenuti, scegliere dove essere presenti, mettere in connessione e in sequenza gli account e gestire la propria reputazione.

A questo proposito il lavoro svolto da Laurel Papworth[39] sul management della reputazione è assai esplicativo:

[38] http://marketingpersonale.blogspot.com - Come utilizzare i social network per promuovere la propria attività.
http://www.slideshare.net/araknes/marketing-personale-con-i-social-network

[39] Sviluppo schematico di Laurel Papworth - Social Media Strategist http://laurelpapworth.com/ripple-social-network-influencers/

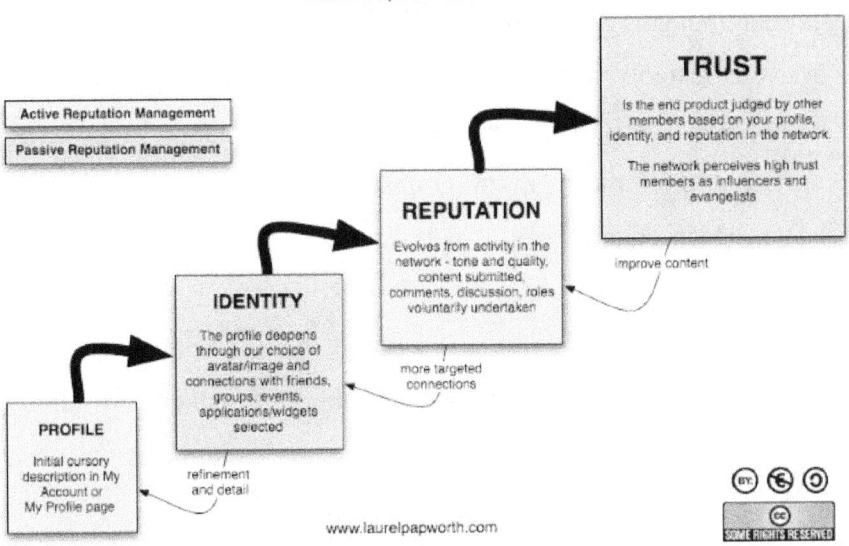

Dall'inserimento del nostro profilo nei social media, attraverso passaggi di condivisione e conversazione e con l'apporto di feedback esterni possiamo raggiungere una reputazione risconosciuta nell'ambito di interesse.

2.5.1. Piccoli suggerimenti pratici per sviluppare un proprio Personal Branding

La prima cosa che suggerisco di fare è quella di firmare i nostri interventi sempre con lo stesso nome, cognome, avatar e indirizzo web del sito, e di promuoverci alla stessa maniera su tutti i profili dei Social Media che frequentiamo. Poi potremmo: A) Frequentare altri

Blog similari e relativi alla nostra nicchia per aggiungere commenti e creare relazioni con gli autori.

B) scrivere articoli per siti conosciuti o partecipare a Wikipedia

C) rispondere a coloro che ci chiedono aiuto. Yahoo Answer ad esempio, è uno strumento molto conosciuto: le riposte alle domande degli utenti compaiono spesso nei risultati di Google, e si possono ottenere risultati molto validi in pochissimi minuti.

D) Integrare la conversazione con i social media (YouTube, Flickr, OkNotizie, Twitter, FaceBook, etc.). Se abbiamo qualcosa di rapido e breve da dire, non facciamolo sul blog, ma usiamo servizi quali Twitter o Facebook.

Twitter funziona molto bene per promuovere un sito emergente in quanto permette di farsi notare in breve tempo dagli addetti ai lavori di un determinato settore. Con la funzione "Hashtag" ogni utente di Twitter può trovare tweets di altri utenti con grande facilità.

«[…][40] FaceBook offre tutti gli strumenti per implementare una strategia di Personal Branding: una rete sociale molto sofisticata, la possibilità di condividere ogni tipo di risorsa multimediale sia interna che esterna , una messaggistica avanzatissima e una buona gestione della privacy. Ogni nostra azione su FaceBook sarà oggetto di attenzione da parte dei nostri contatti che potranno decidere se commentare o imitarci».

---

[40] Personal Branding con i Social Media: come gestire la tua immagine e proteggere la tua reputazione con i Blog, le Reti Sociali e gli altri strumenti del Web2.0 - pag 49

3. Il sito web:

3.1. Gli obiettivi del sito web

Gli obiettivi che dovremmo tenere in considerazione quando ci accingiamo a progettare un sito web, dovrebbero riguardare il solo sito web. Dovremmo fare un'operazione di restringimento della nostra visione d'insieme e di porre la nostra attenzione verso un particolare del nostro progetto di web marketing: il sito web. In altre parole, affinchè il sito adempia correttamente i compiti per il quale viene creato, non dovremmo confondere gli obiettivi del progetto con quelli del sito.

Vediamo allora quali potrebbero essere gli obiettivi principali del sito web, tra loro strettamente connessi, sui quali poi costruire l'intera architettura dei contenuti, dei percorsi di navigazione e delle azioni di promozione.

1) Raggiungibilità: La raggiungibilità di un sito dipende dalla fornitura di connettività e dall'infrastruttura tecnica utilizzata. Ogni sito web deve essere raggiungibile dal visitatore nel momento in cui cerca di trovare risposta al bisogno. Avere un sito non raggiungibile può creare problemi perchè l'utente può percepire una bassa qualità del sito e relazionarsi meno con esso. Il piano di web marketing deve tenere conto della qualità e della solidità dell'infrastruttura hardware e software del fornitore di servizi di connettività per evitare che problemi di irrangiungibilità possano inficiare la bontà delle azioni di

promozione.

Ci sono un gran numero di fornitori che permettono di acquistare un servizio di hosting, per orientarci nelle scelta, potremmo tenere in considerazione i seguenti elementi:

A) Opzioni: tutti gli ISP[41] propongono un gran numero di add-on opzionali quando si acquista un hosting. Usufruire di un pannello di controllo può essere di grande utilità quando si vogliono svolgere compiti semplici senza dover necessariamente aprire un ticket.

B) Servizio clienti: Non conviene farsi influenzare dalla spesa per l'acquisto di un hosting se rimane in termini ragionevoli. E' meglio spendere un pò di più all'anno ed avere un buon servizio clienti che risparmiarli per poi perdere ore se abbiamo dei problemi.

C) Scegliere un host a misura di SEO: chi si avvicina per la prima volta al posizionamento e all'ottimizzazione dei siti non immagina che uno dei fattori per ottenere un buon posizionamento è quello della scelta di un hosting in grado di fornire uno spazio web con specifiche caratteristiche tecniche. «[...][42] Un web server in grado di rispondere velocemente alle richieste degli utenti non solo garantisce un'esperienza di navigazione migliore ma evita anche che gli spider dei motori rinuncino ad indicizzare le pagine a causa di una lentezza eccessiva nelle risposte».

---

[41] In informatica e telecomunicazioni un Internet Service Provider (fornitore di servizi Internet), in sigla ISP, è una struttura commerciale o un'organizzazione che offre agli utenti, dietro la stipulazione di un contratto, la fornitura di servizi inerenti Internet.

[42] Enrico Altavilla: http://www.motoricerca.info/articoli/scelta-host.phtml

2) Navigabilità: affinché risulti semplice e chiara, dovremmo strutturare i percorsi tenendo presente un chiaro criterio di navigazione. Creare dei percorsi di navigazione strutturati aiuterà i motori di ricerca a capire chi siamo e cosa facciamo e il navigatore a comprendere quale è lo scopo del sito e cosa desideriamo far loro trovare. Più i percorsi di navigazione saranno ben definiti maggiore sarà la possibilità di soddisfare le aspettative del navigatore che con facilità potrà muoversi liberamente e scegliere in autonomia i contenuti da visualizzare. «[...][43] La struttura ipertestuale di un sito è la forma che assumono i suoi collegamenti gerarchici a partire dalla home page. La struttura organizza il contenuto in più livelli, e può avere varie forme, varie ampiezze e profondità. [...] Uno dei principali problemi progettuali è decidere la struttura ipertestuale e di navigazione migliore affiché gli utenti trovino facilmente ciò che cercano[...] Le prime ricerche sulla struttura dei menu negli ipertesti risalgono agli anni 80, ben prima dell'avvento del web, e ottengono un risultato chiaro: È meglio avere strutture ampie e poco profonde (cioè siti piatti, come nella prima delle figure qui sotto).

---

[43] Maurizio Boscarol: Progettare la struttura dei siti: ampiezza o profondità? http://www.usabile.it/392009.htm articolo su una ricerca di Michael L. Bernard http://www.surl.org/usabilitynews/42/hypertext.asp

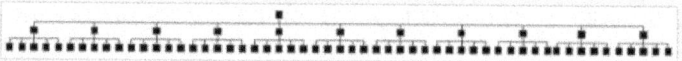

Un esempio di struttura ampia e poco profonda: 11 pagine al primo livello, ognuna delle quali ha 5 pagine figlio.

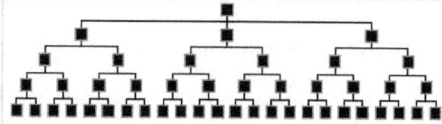

In questo secondo esempio vediamo la rappresentazione ad albero di una struttura profonda e stretta, con 3 pagine al primo livello, ognuna delle quali ha due pagine figlio, ognuna delle quali ha ancora due pagine figlio, ognuna delle quali ha altre due pagine figlio. Entrambe le immagini sono tratte dalla ricerca (sotto citata) di Bernard.

Con menu di molte voci e minor profondità gli utenti tendono a trovare più rapidamente ciò che cercano (Miller, 1981; Snowberry, Parkinson, & Sisson, 1983; Larson & Czerwinski, 1998; Norman, 1990). Però vi è un livello oltre il quale il numero di voci ad uno stesso livello deve essere contenuto, e la navigazione deve essere estesa in profondità.[…] Sul web, dove la mole di pagine può essere molto alta e tende a crescere con il tempo, è necessario trovare dei compromessi, perché non è pensabile avere menu composti da decine di voci solo per mantenere il sito abbastanza "piatto" ed è dunque spesso necessario provvedere ad una articolazione in più livelli.»

Per costruire dei percorsi efficaci dovremmo dunque identificare in maniera univoca i principali argomenti ed effettuare una classificazione in base alle aspettative dell'utente. Creare dei percorsi guidati utilizzando il principio "dal generico allo specifico" magari utilizzando le "briciole di pane"[44] per tenere traccia della posizione.

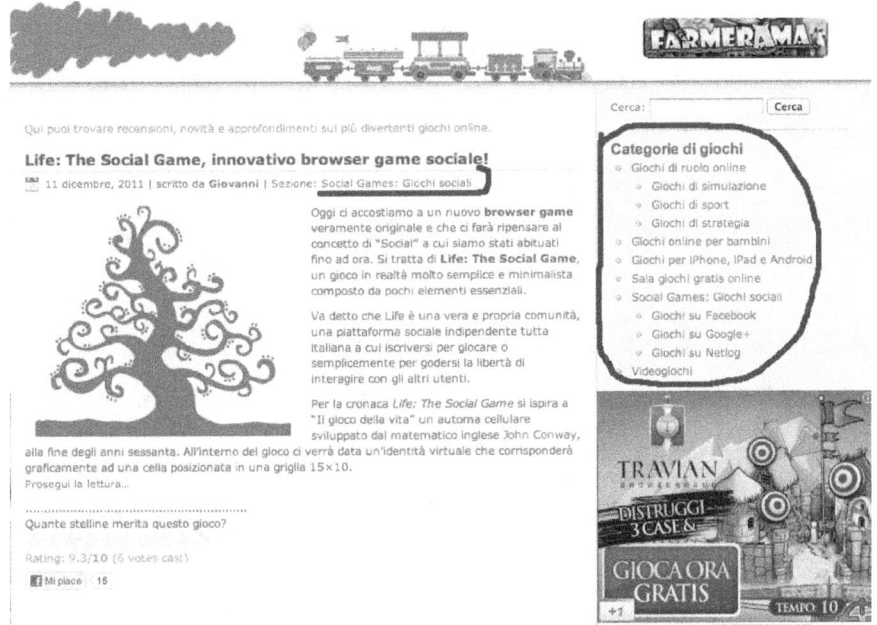

Altro aspetto fondamentale della navigazione è la fruibilità dei contenuti in tempi molto brevi. Un utente ci impiega pochissimi secondi per capire se il sito web su cui è atterrato sia utile o meno al suo fine. Per tale motivo è necessario evitare che un sito web al suo interno contenga elementi grafici che blocchino o appesantiscano la navigazione. Eviterei immagini troppo pesanti, pop-up pubblicitarie

---

[44] Breadcrumb (letteralmente "briciole di pane"): sono una tecnica di navigazione usata nelle interfacce utente. Il loro scopo è quello di fornire agli utenti un modo di tener traccia della loro posizione. Nelle pagine web le Breadcrumb, solitamente, appaiono orizzontalmente nella parte superiore della pagina, al di sotto delle barre dei titoli o degli header. Rappresentano un "sentiero" composto di link utili agli utenti per tornare indietro alla pagina iniziale del sito web o a pagine visitate in precedenza per arrivare all'attuale.

a tutto schermo, link inseriti in javascript non supportati dai browser più comuni e tutto quello che possa incidere in maniera negativa sulla velocità di reazione del sito verso gli stimoli prodotti dall'utente.

3) Interattività: il concetto d'interattività è parte integrante del web. «L'interazione sul web [...] Fra le ricerche che hanno dimostrato particolare efficacia ci sono quelle basate sulle valutazioni semantico-lessicali. In particolare si segnalano la teoria dell'Information foraging[45] di Peter Pirolli e Stuart Card e il Cognitive Walkthrough[46] for the web di Kitajima Blackmon e Polson. Entrambe le teorie si basano sulla considerazione che sul web gli utenti cercano (e seguono) la voce che a loro sembra più corrispondente con i propri bisogni informativi. »[47] Il navigatore è abituato a interagire direttamente con le pagine web, si troverà spiazzato se non potrà effettuare le sue classiche operazioni come ad esempio utilizzare il form per effettuare una ricerca libera e avrà la sensazione che il sito dove è appena atterrato è obsoleto, chiuso. Il linguaggio di programmazione può essere davvero utile in fatto di reciprocità. Se fatto bene può rendere molto semplici operazioni interattive che l'utente si aspetta di trovare come ad esempio una iscrizione alla newsletter, una sezione dedicata dove poter lasciare un messaggio, i bottoni sociali per condividere le pagine nei profili dei

---

[45] http://dl.acm.org/citation.cfm?id=223911

[46] http://dl.acm.org/citation.cfm?id=503459

[47] Maurizio Boscarol: Verso l'usabilità semantica http://www.usabile.it/ 312007.htm

social network...

Questi elementi aiutano a raggiungere gli obiettivi di promozione di un progetto, aumentando le possibilità di fidelizzare l'utente nel tempo.

4) Rappresentatività: il sito web dovrebbe rappresentare la nostra filosofia, il nostro modo unico di operare, i contenuti che intendiamo comunicare, senza alcuna ambiguità. L'utente dovrebbe sentire il "profumo dell'informazione": «[...] "la percezione imperfetta che l'utente ha del valore, del costo e del percorso di accesso a fonti di informazione ottenuto attraverso stimoli prossimali, come i link nel web."»[48]. Anticipare quale sarà il punto di abbandono del sito (quando il profumo dell'informazione è inferiore ad una soglia minima), è di vitale importanza. Alcune tecniche, utili a rappresentare correttamente i nostri contenuti, sono: l'inserimento in tutte le pagine del logo in evidenza nella posizione classica in alto a sinistra con una tagline che descriva sinteticamente la natura del sito. Evidenziare un valore che ci differenzia e che l'utente può apprezzare, evitare auto celebrazioni, non contraddirsi, scrivere correttamente e puntualmente, pensare all'utilità prima che alla convenienza. Se riusciremo ad offrire un contributo di utilità, utilizzando un linguaggio semplice e diretto, probabilmente avremo raggiunto il modo giusto per rappresentarci.

---

[48] Maurizio Boscarol: Verso l'usabilità semantica http://www.usabile.it/ 312007.htm

5) Contaminabilità: Si tratta di avere un sito aperto, un sito in grado di raccogliere tutte le risorse esterne che lo rappresentano, mostrandole strutturalmente al proprio interno. E' un obiettivo che è figlio del nuovo modo di intendere la presenza online, non solo con pagine web caricate su di un server ma anche con elementi esterni prelevati e allocati per creare un ecosistema digitale partecipativo. «[…] Gli utenti spesso abbandoneranno il nostro sito per cercare altre informazioni su altre fonti quindi perché non integrare queste altre fonti nel sito agevolando così al massimo chi vuole informazioni per farsi un idea della bontà della nostra proposta? […] Una delle strategie di social media marketing efficace è quindi rappresentata dall'agevolare la gente a fare ciò che farebbe comunque ... abbandonare il sito cercando di mantenere un po' di quel controllo che ci fa sentire tanto bene, indirizzandola quindi a tutte quelle fonti esterne in cui, senza il nostro diretto controllo, la gente potrà relazionarsi e farsi un'idea su di noi.»

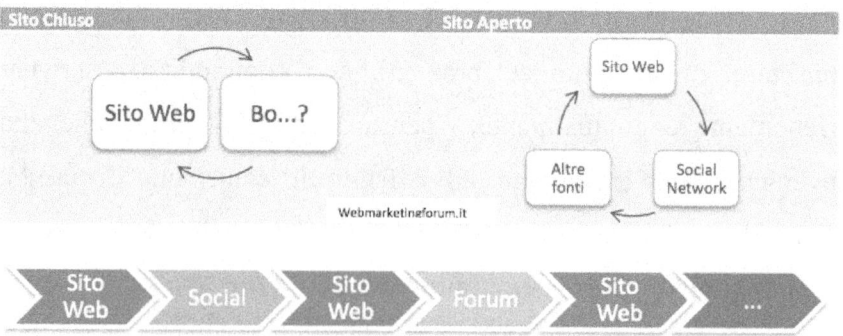

«[…] Il sito aperto è quel sito che agevola l'abbandono in maniera ragionata ed allo stesso tempo ne promuove il "ritorno". Se la gente abbandona il tuo sito tanto vale lo faccia seguendo le tue indicazioni. Si è vero, anche questo è una sorta di "controllo" ma con un pizzico di libertà ed autogestione da parte dell'utente che può sempre "scegliere" e non è obbligato a far nulla»[49].

Prelevare le immagini caricate da Flickr, i video su Youtube, le presentazioni su Slideshare, mostrare i messaggi di Twitter, il box "mi piace" delle pagine fan di Facebook, in sostanza utilizzare informazioni e documenti dei luoghi virtuali che l'utente utilizza quotidianamente.

Ragionare in un'ottica di sito aperto significa prender parte alle conversazioni, ascoltare ciò che gli utenti vogliono e soprattutto vuol dire creare fiducia.

6) Conversione: E' la realizzazione di un sito web ottimizzato per le conversioni. In altre parole il navigatore dovrebbe completare un'azione, in cui lo scopo viene raggiunto prima di abbandonare il sito. La conversione può esprimersi mediante la registrazione alla newsletter, l'invio di una e-mail di contatto, la condivisione del contenuto di una pagina nei social network, la vendita di un prodotto tramite affiliazione o ricevere click sui messaggi pubblicitari del circuito Adsense. Questa immagine spiega bene la conversion rate, ovvero il tasso percentuale di conversione.

---

[49] Alessandro Sportelli per webmarketingforum
http://www.webmarketingforum.it/social-media-marketing-co-new/3891-smm-differenza-tra-sito-aperto-e-sito-chiuso-ideewm2010.html

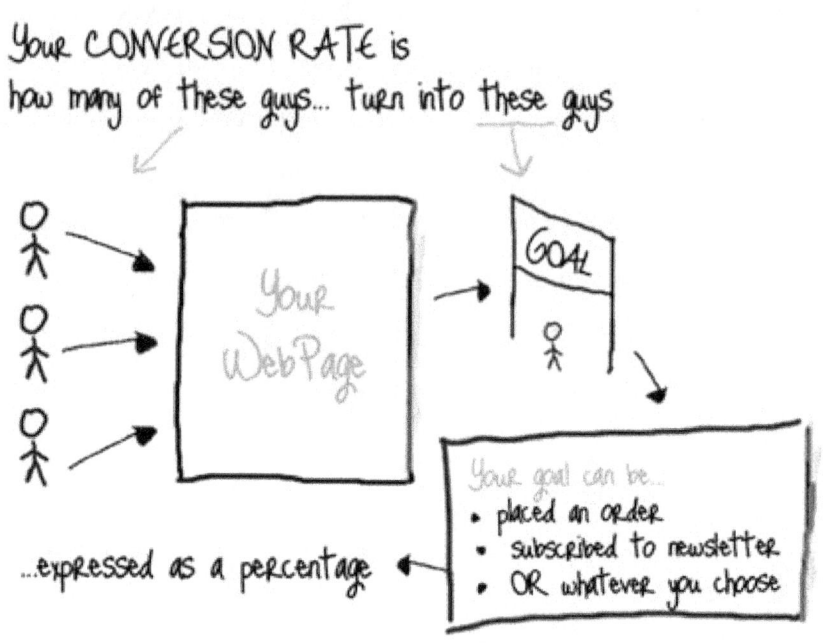

50

Per agevolare il navigatore a effettuare le azioni (call-to-action) esistono studi sul comportamento[51] e pratiche per inserire, nella giusta posizione, elementi grafici e testuali[52]. Ad esempio è lo stesso Google che ci suggerisce quali sono le aree della pagina web dove tende a soffermarsi lo sguardo e quindi a consigliarci dove inserire i messaggi sponsorizzati.

[50] http://www.posizionamentozen.com/conversion-rate-optimization-7-passi.html

[51] http://www.marketingexperiments.com/improving-website-conversion/increasing-conversion.html

[52] http://www.seosmarty.com/call-to-action/

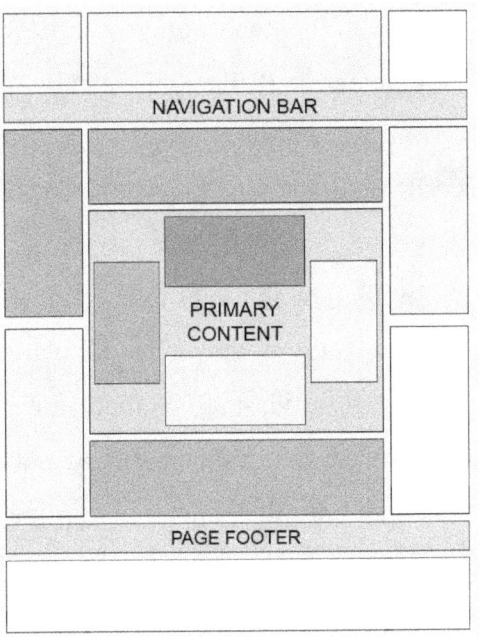

NAVIGATION BAR

PRIMARY
CONTENT

PAGE FOOTER

53

Ulteriori elementi che possono favorire il processo di conversione sono la navigazione facile, scrivere istruzioni chiare, un design professionale, utilizzare frasi per la call-to-action (clicca qui, chiama ora, registrati ora, spedizione gratuita, prova gratuita ...) etc. ma soprattutto la "Most Wanted Response" cioè lo strutturare il sito affinchè si possano guidare gli utenti verso le azioni che abbiamo previsto per loro una volta entrati nel nostro sito.

Facciamo un esempio pratico: nel sito, quando l'utente entra in una pagina, desidero che faccia sostanzialmente tre azioni:

53   http://support.google.com/adsense/bin/answer.py?
hl=it&answer=1354747

1) Torni a visitare il sito perchè ha trovato contenuti interessanti. 2) Clicchi sulle pubblicità Adsense, sui banner di affiliazioni o su quelli degli sponsor affinchè il progetto risulti sostenibile.

3) Si iscriva alla newsletter, ai feed RSS, alla pagina facebook, G+, o twitter.

L'obiettivo principale quindi è quello di aumentare nel tempo i miei lettori, segue la sostenibilità economica fino ad arrivare a popolare un database di contatti che mi possa seguire via mail, o mediante i social network. Ne consegue che sulla base di questa classificazione ho strutturato la pagina affinchè contenga tutti gli elementi per ordine di importanza.

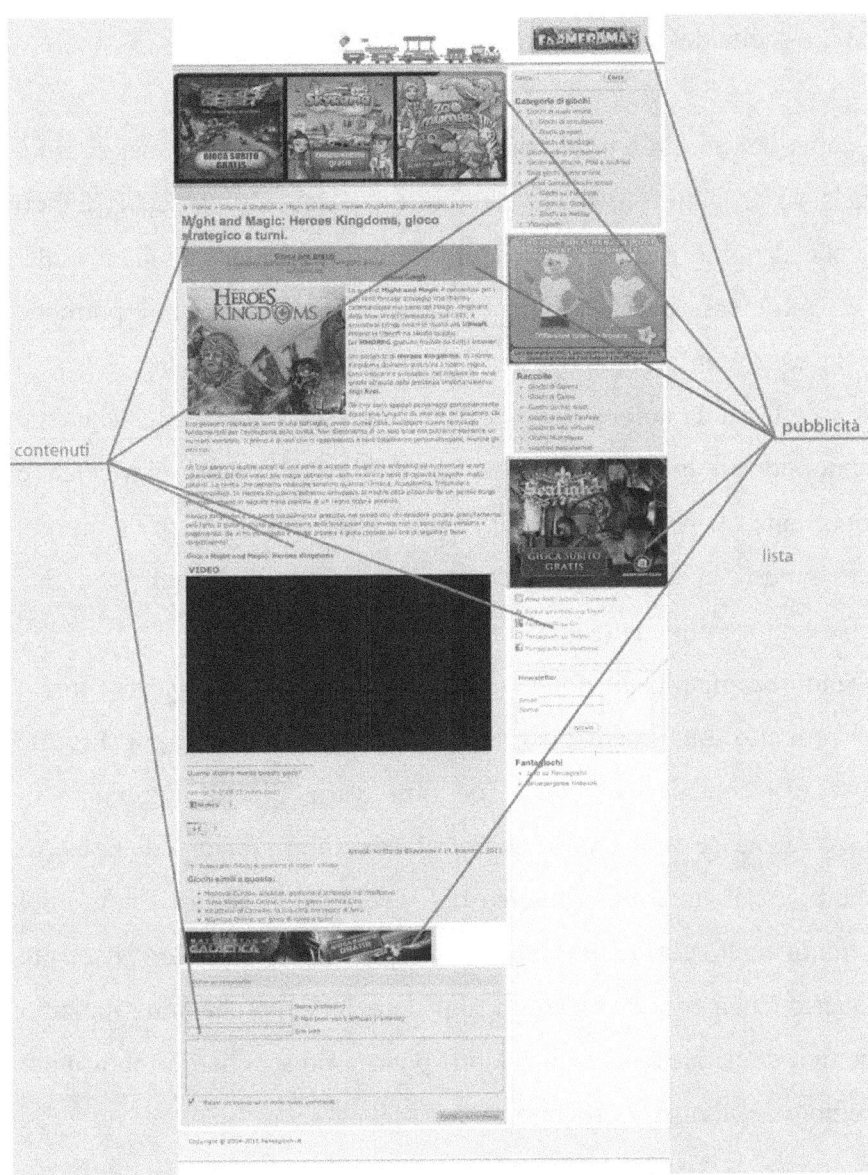

contenuti

pubblicità

lista

3.2. La scelta del nome a dominio

Il nome del dominio è uno dei primi e più importanti passaggi di un qualsiasi progetto online. E' uno step che richiede parecchio tempo perchè il nome che poi verrà attribuito al progetto è fondamentale, non potrà essere assolutamente cambiato e, perchè no, potrebbe anche essere un'arma in più per il successo del progetto stesso.

La scelta del nome non deve avere solo ed esclusivamente connessione con il web; certo, in termini di motori di ricerca è importante avere la parola chiave principale nel nome del dominio, però credo sia ancora più necessario riflettere sul nome con una connotazione più adatta al webmarketing.

Quando scegliamo un nome, è difficile immaginare, già dall'inizio del progetto, quali saranno i suoi sviluppi ed è ancora più difficile riuscire a considerare tutte le possibili variabili che entreranno in gioco anche se è una cosa che ci si dovrebbe sforzare di fare. Ad esempio, per un canale diverso dal web e dalla carta, il nome del dominio scelto può non arrivare in maniera del tutto chiara all'utente e questa è una cosa da tenere in considerazione, perchè non sappiamo che tipo di canale di comunicazione potremmo scegliere in futuro per promuovere il nostro progetto.

E' un po' la risposta alla famosa domanda: "Meglio il trattino o l'underscore?", la risposta migliore è : "Pensa all'utente! Pensa al fatto di dover comunicare al telefono a tua nonna che tra i due termini del nome a dominio ci sta un underscore!"

3.2.1. Brainstorming

La scelta del nome a dominio, in un contesto in cui vi fosse la piena disponibilità di assortimento, sarebbe per una parte di progetti, una logica conseguenza dell'oggetto della nostra proposta (ad esempio se parlo di motocross dovrei registrare il dominio www.motocross.it) e per la parte restante, svincolata da logiche stringenti, un'attività creativa (ad esempio www.moka.it, idee espresse, che tratta di comunicazione e marketing strategico). Questo però non è più possibile perchè molto probabilmente tutti i nomi che farebbero al caso nostro sono già stati registrati da altri. La soluzione per sottrarci alla frustrazione di scoprire che non è rimasto più nulla di libero e accessibile, la possiamo trovare con un metodo creativo, il brainstorming[54].

---

[54] Il brainstorming (letteralmente tempesta cerebrale, semanticamente tempesta di idee) è una tecnica di creatività di gruppo per far emergere idee volte alla risoluzione di un problema. Sinteticamente consiste, dato un problema, nel proporre ciascuno liberamente soluzioni di ogni tipo (anche strampalate o con poco senso apparente) senza che nessuna di esse venga minimamente censurata. La critica ed eventuale selezione interverrà solo in un secondo tempo, quando la seduta di brainstorming è finita. Il risultato principale di una sessione di brainstorming, che apparentemente sembra un metodo sciocco e quasi infantile, è invece in genere molto produttivo: può consistere in una nuova e completa soluzione del problema, in una lista di idee per un approccio ad una soluzione successiva, o in una lista di idee che si trasformeranno nella stesura di un programma di lavoro per trovare in seguito una soluzione.
Il metodo del brainstorming iniziò a diffondersi nel 1957, grazie al libro Applied Imagination del dirigente pubblicitario Alex Faickney Osborn.

Tale tecnica, condotta da un moderatore che guida l'esercizio, dovrebbe tenere conto dei seguenti fattori:

1) Non perdere di vista il target di riferimento. Il nome del dominio dovrebbe identificare il più possibile l'argomento e il messaggio principale del sito.

2) Scegliere un nome che possa durare per tutta la durata del progetto e che al contempo non lo limiti nei contenuti pertinenti la nicchia. Ad esempio www.viaggispirituali.it è un nome di dominio che rimane pertinente verso contenuti che trattano di santuari, pellegrineggi, strutture di turismo religioso etc. etc. cerca di contenere tutti gli ambiti esplorabili dalla nicchia.

3) Rendere il dominio unico è più facile da ricordare. Avere un sito web che si confonde con altri già esistenti e più popolari significa regalare visite. Un nome originale, gradevole e con un appeal commerciale può darci un grande valore aggiunto per gli anni a venire. Una buona strategia può essere quella di usare i termini specifici che si utilizzano per descrivere un prodotto o un'azione della nostra nicchia. Ad esempio se sono nella nautica posso accedere a parole specifiche come "bolina" che aumentano la credibilità del nostro sito agli occhi dei visitatori che hanno familiarità con il gergo abituale della nicchia.

4) Nomi corti o nomi lunghi? I nomi a dominio corto sono più facili da ricordare, più facili da digitare e molto meno suscettibili di errori. Nel caso di acronimi la cosa è diversa, ad esempio, "srp.it" è una sequenza di lettere non correlate che è

difficile da ricordare e digitare correttamente, mentre nella forma estesa "ScienzeReligiosePesaro.it ", siamo più propensi a ricordare il nome del dominio. I nomi a dominio lungo hanno anche la caratteristica di contenere la parola chiave principale del sito è questo può essere un vantaggio in ottica di posizionamento. In linea generale comunque il nome del dominio non dovrebbe contenere semantiche complesse.

5) Evitare di sostituire parole comuni con cifre che possono essere confuse e difficili da ricordare, ad esempio lo 0 (zero) si confonde con la o. Evitare il gergo ortografico come ad esempio la k al posto della ch.

6) Evitare le violazioni di copyright. Può essere la rovina di un progetto, ad esempio Facebook ha impedito la registrazione di domini che contengono la parola facebook. Ricordo il caso di un webmaster disperato che ha dovuto abbandonare un buon progetto il cui nome comprendeva sia giochi che facebook.

7) Domini keyword: La scelta del nome a dominio influisce sulle pratiche SEO ovvero sulla visibilità del sito nei motori di ricerca. Ci sono validi motivi per cui il nome del dominio può essere importante per il posizionamento: il primo è il modo in cui i motori posizionano i siti, può cambiare da un momento all'altro, quindi nel dubbio è importante avere un dominio che contiene la nostra chiave; il secondo è che quando riceveremo un link spontaneo da un sito, avremo un link con il nome del dominio che contiene anche la chiave che intendiamo spingere nei motori.

8) Domini di brand: Si basano sulla creazione di qualcosa di unico che diventa un entità a se stante, promuovono se stessi e tutto ciò che comunica l'essenza della marca. Con il potere del marchio è più facile costruire legami reali e gli utenti prendono più seriamente questi domini rispetto a quelli contenenti keywords perchè spesso ci sono grandi aziende che investono risorse per costruire queste associazioni. Il problema è che se non si dispone di un budget di marketing adeguato nessuno cercherà il nostro nome, dovremo essere bravi a posizionare i contenuti senza il richiamo del dominio.

9) Domini di branding "morbido": Sono una via di mezzo tra domini brand e domini keyword. Sono quei domini che dovrebbero essere in grado di trasmettere immediatamente anche sentendoli una volta sola, il contenuto che rappresentano. Prendiamo la nostra parola chiave e ci aggiungiamo un'altra parola che è in grado di "brandizzarla" ad esempio tophost.it comunica il servizio ma anche la qualità, aggiunge un valore di brand alla chiave host. Questo metodo è un ottimo per costruire valore aggiunto al nome del dominio. Ha un valore SEO interno e un branding unico che è sufficiente per essere memorizzato.

3.2.2. Disponibilità ed estensione dei domini

Per quanto riguarda l'estensione del nome a dominio, se il sito si rivolge al mercato italiano è più rilevante il .it mentre se si hanno ambizioni internazionali è preferibile il .com.

Per vederne l'effettiva disponibilità, possiamo utilizzare il Whois italiano it-nic del registro nazionale per il .it e il Whois del Registro internazionale per il .com. Se prendiamo un dominio con un'altra estensione tipo .net dovremmo sempre ricordarci di promuovere il nostro sito con il nome di dominio completo. Per esempio, se il nome di dominio è fantacalcio.net, assicuriamoci di pubblicizzare il nostro sito chiamandolo fantacalcio.net non fantacalcio altrimenti gli utenti presumeranno l'estensione .it o.com e andranno nel posto sbagliato.

3.2.3. Recupero di vecchi domini

Il recupero di vecchi domini può essere una buona strategia per far decollare siti e portali che partono da zero in tempi molto rapidi. La quantità di siti abbandonati è altissima e fra questi spesso c'è una percentuale minima di alta qualità. Potremmo cercarli attraverso portali specializzati italiani (Magellan.it e Klondike.it) ed internazionali. Registrare domini abbandonati può permetterci di sfruttarne i backlinks (si eredita il lavoro che ha fatto il webmaster precedente per dare visibilità al sito, i link verso un sito infatti anche se scaduto, spesso restano), il Pagerank, e l'anzianità[55], evitando così problematiche di start up come ad esempio quella di non avere link in entrata. Google ha una memoria storica gigantesca sui siti già

---

[55] È un fattore importante per Google perchè rappresenta la credibilità di un progetto. Attenzione però, l'anzianità viene riferita ai contenuti e non alla data di registrazione. Se ho un dominio di dieci anni e solo da un anno inserisco contenuti, Google conta solo un anno.

conosciuti dagli Spider[56] del suo motore, anche verso quelli scaduti che se tornando in vita vengono immediatamente analizzati.

Attenzione però, è meglio condurre una ricerca prima di acquistare un nome di dominio scaduto: dobbiamo scoprire come era la reputazione, che non vi siano dispute legali e che non sia stato precedentemente penalizzato o peggio bannato[57] dai motori di ricerca.

3.2.4. Marchio e payoff

Senza soffermarmi troppo su questo punto, vorrei solo segnalare che ovviamente lo studio di un marchio per il sito sarebbe senz'altro auspicabile. Come possiamo farci riconoscere immediatamente, se non attraverso un logo presente sul nostro blog e un payoff che ci descriva?

L'idea è quella di condensare in immagine e poche parole il significato profondo del nostro progetto. Un pezzo breve e tagliente

---

[56] Lo spider è un software che analizza i contenuti di una rete (o di un database) in un modo metodico e automatizzato, in genere per conto di un motore di ricerca. Solitamente acquisiscono una copia testuale di tutti i documenti visitati e le inseriscono in un indice. Durante l'analisi di un URL, identifica tutti gli hyperlink presenti nel documento e li aggiunge alla lista di URL da visitare.

[57] Un sito è bannato da Google quando viene completamente escluso dagli indici di Google. Per capire se un sito è stato bannato si può usare questo strumento: http://www.labnol.org/google-adsense-sandbox/. Capire se un sito è stato penalizzato, invece, non è sempre facile e richiede un'analisi approfondita.

che fa invogliare l'utente a saperne di più. Non abbiamo bisogno di spiegare tutto ma di colpire gli utenti in modo da rimanergli nella mente e quindi renderci riconoscibili. Una volta trovato, dobbiamo promuoverlo e comunicarlo con tutti i canali a nostra disposizione. Eccone alcuni esempi:

[58]

[59]

3.3. Caratteristiche della piattaforma software

Abbiamo sin qui visto come scegliere la nicchia, trovare un dominio, un hosting e quali obiettivi deve soddisfare un sito internet. Quello che rimane da fare prima di passare a prendere in esame i contenuti del progetto, è quello di scegliere la piattaforma software che ci

---

[58] http://www.skelliewag.org/

[59] http://www.chrisg.com/

permetta l'inserimento di tali contenuti. Il software a mio parere dovrebbe soddisfare le seguenti funzionalità:

1) Accesso al Pannello (Login): L'accesso al pannello di controllo del CMS dovrà essere protetto da una username e da una password. Il sistema al momento del login, dovrà riconoscere se l'utente autenticato è un amministratore (che vedrà tutte le opzioni disponibili) oppure un redattori o articolisti (che avranno accesso solo a determinate informazioni).

2) Index: Una volta effettuato il login dovremmo trovare una pagina che riepiloga gli ultimi aggiornamenti del sito: dai nuovi articoli ai commenti ricevuti. La pagina dovrà essere preferibilmente una bacheca che consentirà di accedere a tutte le macro aree di gestione dei contenuti.

3) Informazioni Generali: In questa sezione dovremo poter modificare/inserire tutte le informazioni di carattere generale, come i riferimenti telefonici o email che verranno poi utilizzati nella pagina contatti e nel Footer.

4) Gestione Redattori: Come accennato nella sezione relativa al login, questo CMS dovrà avere la possibilità di un accesso multiutente. Tale accesso verrà diviso in un accesso principale (amministratore) e degli accessi secondari che che visualizzeranno un pannello compatto tale da permettere il solo inserimento dei contenuti e la loro relativa gestione in termini di validità, posizionamento e ordinamento.

5) Parametri d'accesso: Questa funzionalità consentirà la modifica dei propri parametri d'accesso al pannello di controllo una volta effettuato il login.

6) Gestione Media: In questa opzione del menù principale potremmo avere accesso a tutti i contenuti multimediali presenti nel sito, come fotografie e video. Dopo aver creato o selezionato un contenitore/ categoria per la nostra fotogallery potremo associare una o più foto alla galleria e in ogni momento modificarne le informazioni, rimuoverle o inserirne di nuove. «[…][60] La Videogallery a differenza della fotogallery non prevederà un reale inserimento fisico (upload) su server del video, ma la possibilità di incorporare un link da canali esterni (come ad esempio Youtube) questo al fine di svincolare il sistema da logiche di conversione video e al server/hosting di caricare filmati e dati di grosse dimensioni».

7) Gestione commenti: In questa sezione dovremmo poter gestire i commenti provenienti dagli utenti.

8) Gestione mailing list: è un archivio di tutte le email ricevute (e autorizzate dall'utente per essere raccolte) provenienti dai diversi moduli del sito. Dovremo poter gestire gli indirizzi ed esportarli in formato CSV, il più comune per l'importazione/esportazione nei programmi specializzati di newsletter.

9) Gestione form: Per rendere completamente dinamico il contatto con gli utenti e personalizzare tutte le richieste che possono

---

[60] Arturo Salerno: www.xmind.net/share/arturosalerno/piano-in-web-marketing/

provenire dai moduli, deve essere prevista una sezione che consenta la gestione dei moduli associabili ad una determinata pagina.

10) Gestione menù: dovrà essere possibile in maniera intuitiva la visualizzazione o meno di elementi all'interno del sito e il loro relativo ordinamento.

11) Gestione home page: decidere quali contenuti fare apparire in home page. Questo consentirà di variare la home per le diverse esigenze.

12) Gestione articoli e pagine: Il vero e proprio "core" del CMS dovrebbe essere rappresentato dalla gestione delle pagine e degli articoli. Questi potranno essere creati, rimossi o modificati e potranno essere associati a informazioni Meta-Tag che consentano l'ottimizzazione di title, description e keywords. Dovrà essere anche possibile lo stato di pubblicazione (attivo, disattivo, bozza).

13) Condivisione social: dovrà essere possibile l'inserimento di codice di incorporazione di social network come Youtube o Vimeo per i video, Slideshare per le presentazioni, Flickr per le foto, Twitter per la Real Time e l'inserimento di social plugin per Facebook e G+.

14) Integrazione con Tools per Webmaster: si dovrà poter disporre di strumenti per ottimizzare e gestire le informazioni che possono risultare utili ai motori di ricerca. Tipo generare una sitemap in maniera automatica, implementare l'integrazione di codici di statistiche e tracciamento quali Google Analytics o per la verifica del sito nel caso si sottoponga il sito al Google Webmaster Central.

3.4. Wordpress: la piattaforma software ideale

La piattaforma gratuita che soddisfa tutti i requisiti precedentemente esposti e che gode di una comunità di sviluppatori sempre crescente è WordPress: una via di mezzo tra un'applicazione per la creazione e la gestione dei blog, e un CMS. Il suo essere uno strumento gratuito, molto semplice da utilizzare, ricco di funzionalità e dotato di un'architettura facile da estendere tramite plugin lo ha reso uno dei software più utilizzati dall'utenza meno esperta. Milioni di bloggers, anche privi di conoscenze in fatto di linguaggi di programmazione lo utilizzano come motore del proprio sito.

«[…] Se dobbiamo gestire un sito dalla struttura semplice ma che necessita di una totale autonomia negli aggiornamenti, ricorrere a un CMS nativo per i blog è senz'altro un compromesso sensato ed efficace. Le piattaforme che nascono come "motori" di blog sono in genere molto versatili e potenti, e si prestano bene ad essere utilizzate anche per siti più generici, che abbiano la struttura di contenuti relativamente semplice ma che al contempo necessitino di un aggiornamento molto frequente. Oltre a questo ci sono valide ragioni legate alla visibilità sui motori di ricerca: i blog godono di una particolare considerazione da parte dei motori perchè i contenuti sono solitamente più aggiornati rispetto ai siti statici, perchè sviluppano una rete di link utile a migliorare il ranking e non ultimo perchè i CMS blog di fatto generano un codice di per sè ottimizzato [...] Wordpress, una tra le migliori piattaforme di personal publishing attualmente in circolazione [...] la sua struttura , versatile e modulare, la rende adattabile alle esigenze più diverse.»[61]

3.4.1. Wordpress: un rapido sguardo

Installare Wordpress è piuttosto semplice, basta scaricare l'utlimo pacchetto disponibile[62] e seguire le indicazioni della guida[63] e della comunità di bloggers che ne fanno uso.
Ma come si presenta wordpress ? A grandi linee i template di un sito o blog fatto con WP sono composti da header, footer, Sidebar e Contenuto.

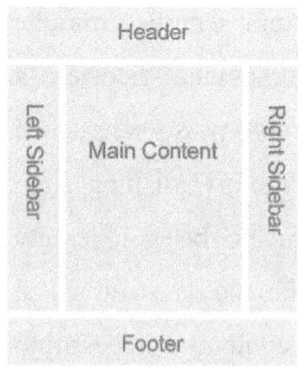

---

[61] Comunicare ai media - L'ufficio stampa nell'era del Web 2.0 Di Fabio Lo Savio, Luca Lorenzetti Editore: Eurilink - pag 120
[62] http://www.wordpress-it.it/wordpress-in-italiano/
[63] www.wordpress-it.it/wiki/Main/InstallazioneRapida

L'header è la parte superiore del blog, solitamente contiene il logo, link al Feed RSS, link alle pagine statiche o sezioni principali e casella di ricerca. Il footer è la chiusura del blog, solitamente contiene testo e link. Nel footer si inseriscono informazioni sul titolare del blog, partita iva, copyright, policy di utilizzo ecc. Alcuni temi inseriscono nel footer link agli ultimi articoli e commenti pubblicati. La Sidebar È la barra laterale del blog, possono essere una o due, disposte alla destra e/o sinistra dei contenuti, al loro interno si possono inserire link ai social network, box di ricerca, box di Facebook, link agli ultimi post, form per iscriversi alla newsletter, banner pubblicitari, e altri elementi a piacere tramite i widget. I widget sono degli elementi che consentono di personalizzare la sidebar e possono essere attivati e disattivati a piacimento semplicemente trascinandoli. Esempi di widget: ultimi articoli, ultimi commenti, pagine, blogroll, tag cloud, box di ricerca, archivi ecc. I blogroll sono la Lista di link che l'autore del blog consiglia ai suoi lettori, si tratta di una raccolta di link ad altri blog. Uno dei punti di forza di WP è che la parte visuale può essere espressa in migliaia di modi, vi sono infatti tantissimi temi (template) a disposizione dell'utente. Un tema di WordPress non è altro che un insieme di file che consente di dare vita ad una grafica coerente per il proprio blog. I temi possono essere gratuiti e a pagamento[64].

---

[64] wordpress.org/extend/themes

3.4.2. Wordpress: configurazioni base post installazione

Una volta installato WordPress, ci sono delle attività minime di configurazione che dovremmo svolgere per ottimizzarlo al meglio, le accenno solamente perchè i dettagli tecnici cambiano in continuazione e non ha senso dare informazioni che tra sei mesi potrebbero non essere più valide. La manualistica in questo settore risulta estremamente deperibile ma al contempo anche facilmente accessibile. Vediamole comunque brevemente:

1) Cancellare l'articolo e la pagina info presenti di default.

2) Ottimizzare la struttura dei permalink: definire una corretta struttura degli URL è il primo passo, nonchè uno dei più importanti per quanto riguarda l'ottimizzazione di WordPress. Tale operazione va effettuata appena installato il blog ed è preferibile non modificarla successivamente. I permalink sono degli URL (indirizzi) definitivi degli articoli del blog, un singolo post potrà essere linkato da diverse pagine del blog ma manterrà sempre lo stesso URL nel tempo.

Google preferisce gli URL corti ed esplicativi. Lato SEO una buona struttura potrebbe essere quella di includere nell'URL solo il titolo del post codificato, ottenendo degli indirizzi con la seguente struttura: www.miosito.it/titolo-del-post.

3) Verificare che le pagine del blog siano indicizzabili: l'indicizzazione è un processo che consente ad un documento web di essere inserito nell'indice di un motore di ricerca. Affinchè il blog sia indicizzabile, e possa quindi essere trovato dagli utenti sui motori di

ricerca, è necessario verificare questi due aspetti:

A) Il file robots.txt: È un file testuale che va inserito nella root del nostro sito web e deve essere raggiungibile al seguente URL: http://www.miosito.it/robots.txt[65]. Contiene delle regole per applicare alcune restrizioni all'analisi delle pagine del sito da parte dei crawler dei motori di ricerca. Attraverso il file robots.txt è possibile quindi definire quali pagine del vostro sito non volete che il crawler scansioni ed indicizzi.

B) Il meta name robots: Si tratta di un meta tag tramite il quale è possibile specificare agli spider dei motori quali pagine devono essere indicizzate e quali link vanno seguiti. Questo tag fornisce un'indicazione puntuale allo spider per ogni singola pagina web che sta scansionando. È importante che in fase iniziale il tag robots venga impostato in questo modo: <meta name="robots" content="index, follow" />. Ciò indicherà allo spider di memorizzare la pagina e seguire i link in essa contenuti.

4) Scegliere i giusti plugin per espandere le funzionalità della piattaforma: I plugin sono moduli esterni che migliorano e consentono di personalizzare WordPress. Consiglio di utilizzarli a fini SEO. I seguenti sono quelli che ritengo indispensabili e da installare subito:

---

[65] Informazioni dettagliate sul funzionamento del file robots.txt si possono trovare all'indirizzo: http://www.robotstxt.org

A) Robots Meta: permette di indicare ai motori di ricerca gli elementi da non indicizzare, ad esempio la pagina per il login dell'amministratore o quella dei feed RSS, dei commenti ...

B) Google (XML) Sitemaps: genera una SiteMap compatibile al 100% con Google. Questo permetterà a Google di scoprire le pagine dei contenuti presenti nel tuo sito/blog.

C) SEO Friendly Image: utile per ottimizzare in ottica SEO tutte le immagini contenute in un blog. Infatti questo plugin garantisce l'adattamento delle immagini allo standard xHTML, nonché l'inserimento automatico degli attributi alt e title.

D) All in One SEO Pack: ottimo plugin per il SEO, sicuramente il più conosciuto ed il più usato da molti blogger, gestisce molte funzioni che permettono di ottimizzare il blog.

E) Relatead Post: aggiunge alla fine di ogni post un elenco di post presenti nel blog che hanno contenuti simili.

F) Redirection: quando viene variato l'indirizzo di un determinato post, questo plugin reindirizza automaticamente il vecchio link al nuovo indirizzo, evita la visualizzazione di eventuali pagine vuote ai visitatori, che provengono da motori di ricerca o altri siti.

G) RSS Footer: permette di inserire messaggi personalizzati e link nei feed RSS del proprio blog, prima o dopo ogni post. Ideale per far capire a Google qual'è la vera fonte di un determinato post, nel caso in cui quest'ultimo venisse copiato e ci fosse quindi la necessità di evitare la beffa di veder il sito che ci ha copiato il contenuto meglio posizionato nei motori di ricerca.

5) Renderlo sicuro: suggerisco di seguito una serie di procedure per rafforzare la sicurezza della piattaforma:

A) Fare dei backup periodici del database del sito (plugin WP- DB- Backup).

B) Aggiornare la piattaforma ed i plugin alle nuove versioni perchè in ogni nuova versione vengono corretti i bug trovati nella precedente.

C) Attivare Akismet[66] per la protezione dai commenti di spam.

D) In fase di installazione non chiamare l'utente amministratore "admin" ma utilizzare un altro nome.

E) Utilizzare password robuste.

F) Controllare con appositi plugin il livello di sicurezza del sito.

G) Scaricare template sono da siti conosciuti e che offrono garanzie, comunque effettuare sempre una scansione del template con un antivirus.

6) Velocizzarlo: Rendere il sito più veloce è una priorità per il posizionamento sui motori di ricerca e per fornire un'esperienza di navigazione migliore agli utenti. Google ha introdotto la velocità di caricamento di un sito tra i fattori che influenzano il posizionamento nei risultati delle ricerche. A parità di altri fattori un sito web più veloce può consentirci di posizionarci meglio rispetto ai nostri concorrenti. All'interno del Webmaster Tools esistono strumenti che ci permettono di conoscere cosa ne pensa Google della velocità del nostro sito, è possibile visualizzare il report alla voce Funzioni

---

[66] Plugin di wordpress

Sperimentali -> Prestazioni del sito.

Gli interventi che consiglio di attuare sono i seguenti:

A) Eliminare i plugin non necessari e rimuovere i widget non utilizzati.

B) Ottimizzare il Database, per fare ciò si può ricorrere al plugin WP-DBManager.

C) Ottimizzare le immagini che si inseriscono nei post. Le regole sono semplici: utilizzare formati immagine compressi quali JPG o PNG e caricare le immagini della stessa dimensione in cui verranno visualizzate sul blog, senza utilizzare il ridimensionamento automatico.

D) Caching, ovvero trasformare l'output della pagina PHP in un file statico HTML che viene inviato al browser dei visitatori in maniera molto più veloce non necessitando di elaborazioni lato server (W3 Total Cache).

4. I contenuti del nostro progetto

Siamo arrivati ad avere il nostro sito attivo e funzionante. Abbiamo una bella grafica ed un sito ottimizzato per tutti i motori di ricerca. Adesso dobbiamo pubblicare nel nostro sito le informazioni che gli utenti della nostra nicchia vogliono leggere. Scrivere articoli "vuoti", ossia privi di informazione vera e propria è inutile e dannoso, se i nostri articoli non conterranno notizie utili e interessanti, nel giro di pochi secondi i visitatori daranno una veloce occhiata alle pagine web e poi se ne andranno e forse non ritorneranno più. Bisogna sempre ricordarsi la regola più importante: **soddisfare i bisogni dell'utente**.

4.1. Scoperta e gestione delle fonti

«[...] Trovare le notizie da dare è spesso un lavoro tutt'altro che semplice da compiere [...] il giornalista cerca la vera notizia all'interno delle tante notizie che gli arrivano [...] Nasce il monitoring [...] ogni mattina professionisti leggono le informazioni [...] e selezionano gli articoli per ciascun cliente a seconda delle sue esigenze»[67]. Il lavoro che ci accingiamo a fare sui contenuti nasce in primo luogo dalla selezione e rielaborazione di tutto quel flusso di informazioni che possiamo trarre dai canali riguardanti la nostra nicchia.

[68]«[...] La cura dei contenuti è un passo avanti rispetto alla semplice aggregazione di contenuti perché aggiunge a quest'ultima una componente editoriale. Concordo con Rohit Bhargava, vice presidente Senior di strategia e marketing per la Ogilvy 360 Digital Influence, che definisce il curatore di contenuti come qualcuno "che continuamente trova, raggruppa, organizza e condivide i contenuti più importanti e rilevanti online che riguardano problematiche

---

[67] Comunicare ai media - L'ufficio stampa nell'era del Web 2.0 Di Fabio Lo Savio, Luca Lorenzetti Editore: Eurilink - pag 75-77

[68] Robin Good da http://www.masternewmedia.org/it/2010/06/08/ online_content_curation_la_strategia_per_ottenere.htm

specifiche"».

Vediamo quelli che a mio parere sono i due passaggi principali da compiere per riuscire al meglio in questa fase:

1) Ricercare: consiste nel cercare e identificare un buon numero di news e fonti di informazione affidabili su uno specifico argomento. Selezioniamo le fonti autorevoli anche in lingua inglese dal quale trarremo l'articolo (è importante attingere direttamente alle fonti originali saltando quelle intermedie) e riportiamole nel nostro articolo con citazioni e link senza alcun timore o remora «[…] la cura dei contenuti sposta l'equilibrio del potere a favore del marchio e della pubblicazione. Mentre ognuno può creare un contenuto, la decisione di usarlo e presentarlo tu stesso come curatore di contenuti è molto rischiosa, quindi maggiormente di valore».[69] Il web è pieno di ottimi spunti per i nostri articoli, forum, blog di nicchia, Yahoo Answer, Amazon, Google Trends, Technorati, Stumble Upon, etc.etc.

2) Organizzare:

[69] http://www.businessinsider.com/can-curation-save-media-2009-4

dovremmo consultare e curare l'informazione in entrata in modo da interpretare e comprendere al meglio quelle che sono le reali necessità dei nostri utenti. Bisogna elaborare, filtrare, editare rapidamente molti documenti al giorno. E' un processo difficile che occorre metabolizzare nella maniera corretta per non incorrere in stress da "information overload". Controllare e valutare le nuove notizie dalle varie fonti deve costituire un processo semplice e regolare per questo motivo è consigliabile utilizzare strumenti che in modo automatico organizzino ed etichettino i contenuti. Io ad esempio ho creato un account mail specifico per questo compito ed ho personalizzato la home page di Google (iGoogle) aggiungendo molti contenuti, tra cui ovviamente i feed RSS delle fonti che seguo. Uso la mia iGoogle page come pagina iniziale, così facendo ogni volta che apro il browser avrò sott'occhio il sommario dei post più recenti delle mie fonti. Con il tempo impareremo a capire cosa cercano i lettori e a conoscere meglio le nostre inclinazioni, orienteremo al meglio le ricerche, selezioneremo altre fonti, e creeremo sempre più rapidamente notizie originali sulla base delle informazioni che riusciremo a trarre dai nostri canali.

4.2. Suggerimenti e tipologie di post

Catalogare e ordinare le fonti non basta. Per scrivere continuativamente post di qualità, occorre anche "salvare" e organizzare le proprie idee, magari in un documento. Per non perderne nemmeno una, suggerisco di accedere al servizio "Documenti" di Google e utilizzare la piattaforma di scrittura online, condivisibile con tutti gli strumenti "mobile" tipo Smartphone. Avvalendocene non perderemo nessuna idea e avremo la possibilità di aggiornare il nostro documento anche nei ritagli di tempo. Una volta creato il "documento delle idee" possiamo dedicare un pò di tempo allo sviluppo delle stesse e quindi svilupparle sulla base degli interessi di nicchia. Si può costruire una mappa mentale attorno ad ogni idea in modo da ampliarla il più possibile corredandola magari anche con immagini.

Una volta scelto l'argomento, è necessario pensare al tipo di articolo che scriveremo. Ci sono varie tipologie di post che possiamo scrivere, qui di seguito ne suggerisco alcune:

1) Articoli pilastro: Sono contenuti che non perdono rilevanza nel tempo, divulgano informazioni "sempreverdi" che gli utenti interessati alla nostra nicchia è probabile che ricerchino per un lungo periodo di tempo. Non sono contenuti a breve scadenza, non vanno assimilati alle news ma piuttosto a informazioni che costituiscono le fondamenta di un argomento di nicchia. I post di questo tipo potrebbero essere dei tutorial del tipo "come fare per..." oppure delle raccolte stile elenco, molto dipende dal tipo di nicchia. Vediamo per esempio come si dovrebbe scrivere un post che elenca varie risorse[70]:

---

[70] Darren Rowse - 10 Steps to the Perfect List Post
http://www.problogger.net/archives/2008/08/17/10-steps-to-the-perfect-list-post/

Per prima cosa dovremmo decidere il numero di elementi della lista (numeri diversi hanno effetti diversi, la cifra tonda ...5, 10, 20... ad esempio può dare ai lettori una impressione di maggiore autorità), poi dovremmo ordinare la lista in una sequenza logica ad esempio in ordine cronologico e in caso di un lungo elenco suddividerlo in sezioni. Consiglio di usare gli elenchi puntati e lo stesso stile per ogni voce principale dell'elenco (ad es. se si usa un'immagine per ogni voce, allora le immagini vanno usate per tutte le voci), e di invitare i lettori ad aggiungere voci alla lista terminando l'articolo con una domanda per incoraggiare commenti. Infine scegliamo un titolo accattivante magari includendo in esso una cifra.

2) Articoli recensione: E' una tipologia di articoli molto diffusa, i navigatori sono sempre alla ricerca di queste informazioni prima di prendere una decisione sul tipo di acquisto da fare. Per scrivere questo tipo di post sarebbe opportuno avere un'opinione netta sul tema in modo da generare nei lettori l'effetto che possano vederci come persone competenti e magari autorevoli. Dovremmo dare un parere, dimostrare che siamo disposti a dare consigli veri per aiutare gli utenti a prendere una decisione. Il parere deve essere motivato analizzando sia gli aspetti positivi che quelli negativi. Inoltre quando scriviamo il pezzo dovremmo sempre avere in mente le parole chiave che useranno gli utenti per cercare nei motori queste informazioni e utilizzare la keyword principale nel titolo e all'interno dello stesso articolo. Questo non ci deve far scrivere per i motori di ricerca, sono sempre gli utenti il nostro pubblico, però essere accorti dal lato SEO

è una cosa da non trascurare. Sarebbe opportuno anche inserire nel nostro articolo immagini, video, screenshot, o documenti che diano informazioni aggiuntive utili al nostro post, infine come sempre chiedere suggerimenti e opinioni ai lettori.

3) News: sono articoli brevi che forniscono informazioni poco durevoli, forniscono al blog un senso di energia e vitalità e danno al pubblico un motivo per tornare ogni settimana. Quindi, anche se dopo un mese non saranno più rilevanti, rivestono comunque una certa importanza.

4) Pagina chi sono o redazione: non è una vera e propria tipologia di articoli, rientra più nel discorso del personal branding, ma qui ne sottolineo l'importanza perchè è la miglior pagina per spiegare il significato ultimo del nostro progetto online. Assicuriamoci che siano presenti una nostra immagine, una descrizione di ciò di cui si occuperà il blog, e gli obiettivi che ci poniamo con il nostro progetto. Incoraggiamo i visitatori a iscriversi alla newsletter o a seguirci su un social network, invitandoli comunque e sempre all'azione, in modo da avere spunti per migliorie future da apportare al progetto.

4.3. Linee guida per scrivere un post che generi traffico

1) I navigatori hanno dei tempi di attenzione brevi, cerchiamo di arrivare al punto in fretta evitando di scrivere frasi troppo lunghe.

2) Gli utenti desiderano leggere le informazioni che sono in linea con il loro punto di vista, rispetto ad un articolo di cui non condividono

le idee. In particolare gli individui sono portati a scegliere i contenuti conformi alle loro convinzioni, se si tratta di politica o affari[71].

3) Utilizzare le immagini ed i video quando possibile. Un immagine vale più di 1000 parole, fa capire subito se l'utente è nel posto giusto.

4) Scegliere titoli appropriati: I titoli dei post devono essere scritti molto bene, la maggioranza degli articoli non riceve visite perchè non ha un titolo incisivo. Bisognerebbe seguire due importantissime direttive: A) il titolo deve contenere le parole chiave del post. B) I titoli più sono accattivanti, più è probabile che vengano cliccati se visti tra i risultati della ricerca. Alcuni semplici stratagemmi sono quello di inserire delle domande, inserire un problema in cui il lettore si possa identificare, o usare i numeri ad es. " i 12 modi per usare al meglio Twitter". Inizialmente spesso si commette l'errore di mettere solo titoli descrittivi per non ingannare il lettore ma dovremmo ricordarci che oramai l'utente è abituato alla titolazione dei giornali o delle riviste e quindi dovremmo cercare di essere onesti e creativi allo stesso tempo.

5) Evitare assolutamente di copiare articoli già presenti in rete, oltre alle figuracce si rischiano penalizzazioni da parte di Google.

6) Insegnare a fare qualcosa, cercare di divertire, stimolare il lettore, raccontare una storia, presentare i risultati di una ricerca, spiegare qualcosa che pochi hanno capito, riassumere un argomento o un problema comune, presentare qualcuno di interessante e così via.

---

[71] Robin Good - Online Content Curation: La Strategia Per Ottenere Visibilità, Autorità E Creare Valore http://www.masternewmedia.org/it/ 2010/06/08/online_content_curation_la_strategia_per_ottenere.htm

7) Scrivere articoli con link verso risorse di altri autori: Non dovremmo mai dimenticarci che occorre dare valore vero ai nostri lettori. Se proponiamo contenuti di qualità attraverso link esterni, aggiungeremo valore alla conversazione e costruiremo la nostra credibilità dimostrando di essere al corrente sugli sviluppi del nostro settore. Anche per i motori di ricerca i link in uscita possono significare autorità. Ci sono diversi modi per linkare risorse esterne oltre al semplice "vai qui". Potremmo sviluppare articoli scritti da altri blogger e rimandare all'articolo originale, analizzare un punto di vista opposto esterno all'autore, costruire un elenco di risorse su un argomento presentandole come elenco di link per sollecitare la discussione con i nostri utenti, suggerire letture di approfondimento, fornire esempi etc.etc.

8) Fare una revisione finale. Una volta scritto l'articolo potremmo eseguire delle operazioni di routine per controllare che rispetti determinati standard qualitativi e assegnargli lo stato di "pronto alla pubblicazione". Un tipico processo di pubblicazione potrebbe includere i seguenti punti di controllo:

• Il titolo del post contiene le parole chiave?

• All'interno del post vi è un'immagine?

• È stato effettuato un controllo ortografico e di sintassi del messaggio?

• Ho verificato le informazioni dei link in uscita?

• Ho sollecitato i commenti degli utenti?

• Altro...

Vediamo ad esempio come si impennano la visite scrivendo un articolo che centra in pieno la soddisfazione del bisogno dell'utente :

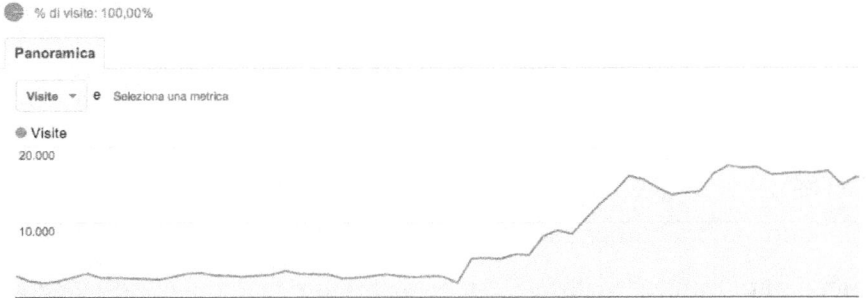

Come potete vedere il fatto di avere scritto un certo numero di articoli che fornivano le soluzioni di tutti gli schemi dei giochi per smartphone fa salire le visite da circa 3.000 al giorno a 16.000 al giorno. In questo caso, giocare significa anche lavorare e guadagnare!

4.4. Come farsi scrivere articoli da altri

Ci sono sostanzialmente due metodi, a pagamento e non. Vediamoli nello specifico:

1) Scegliere un articolista: pagare qualcuno perchè scriva articoli al nostro posto consente un notevole risparmio di tempo, l'importante è trovare una persona competente, che rispetti le linee guida e sia puntuale. Occorre provarne diversi e tenere il migliore, spesso vale la pena pagare un po' di più per avere una qualità e competenza

superiore. Vi sono alcuni forum di riferimento in Italia dove possiamo trovare numerose persone che si offrono come articolisti per diversi settori[72].

2) Ottenere articoli gratis:

A) Guest post: un guest post è un articolo che dà l'opportunità a qualcun altro di pubblicare sul nostro sito. Dovremmo trovare un blogger di una nicchia simile alla nostra e costruire un rapporto in modo da trarre beneficio reciproco. Scrivere contenuti validi e interessanti è un'attività che richiede molto tempo, va bene nelle fasi iniziali di lancio del blog, ma più cresciamo più avremo bisogno del contributo di altre persone esterne che possono portare valore ai nostri contenuti. Per favorire al meglio questa opportunità, bisognerebbe creare una pagina in cui specifichiamo le modalità di inserimento di un guest post (argomento, lunghezza, link, ecc.). I vantaggi sono quelli di offrire contenuti molto validi ai nostri lettori, nuovi punti di vista, anche di persone che la pensano diversamente da noi su un determinato argomento. Il tempo che risparmiamo potremmo dedicarlo all'attività di marketing e promozione, fare networking o riposare...

B) Recensioni: dare l'opportunità di recensire il prodotto direttamente dal produttore, l'importante è che segua le stesse linee guida dei guest post.

---

[72] http://www.giorgiotave.it/forum/collaborazioni-web-e- lavoro-offro-e-cerco/
   http://forum.html.it/forum/
   http://www.alverde.net/forum/offerte-di-lavoro-e-richieste-di-consulenza-web

C) Interviste: intervistare un personaggio esperto della vostra nicchia è un ottimo modo per generare contenuti molto validi con poco dispendio di tempo, è preferibile fare l'intervista in forma scritta, inviamo le domande all'esperto e attendiamo la risposta per email. Ospitare l'intervista di una persona autorevole aumenta la nostra importanza e autorevolezza nella nicchia.

4.5. Formato e struttura del post

Ogni post ha una serie di elementi: un formato, la struttura, il tono, il titolo, immagine, e così via. Per creare un senso di coerenza, si dovrebbero creare delle linee guida di stile su come presentare i contenuti, in particolare su come trattare le immagini ed i video all'interno dei post, gli articoli di una serie, come si deve formattare il testo dei titoli e del corpo del messaggio e come debbano essere inserite le citazioni o le risorse esterne. Ad esempio se facciamo riferimento ad un ebook, non dovremmo mettere in un posto "Ebook" e in un altro "e-book". Seguire queste indicazioni può darci notevoli vantaggi: Eviteremmo di disorientare i lettori con contenuti confusi, renderemmo l'aspetto del nostro sito più professionale e qualora accettassimo guest post una guida di stile contribuirebbe a garantire che il contenuto esterno venga presentato in linea con il nostro, potremmo orientare coerentemente con il brand del sito tutta la comunicazione.

Un altro aspetto necessario per garantire uniformità tra i contenuti del sito è quello di inserire link interni tra i vari articoli, operazione che andrebbe pianificata con scadenze precise al fine di aggiornare i vecchi post sulla base dei nuovi contenuti. L'operazione di interlinking è necessaria per almeno tre ragioni principali:

1) Fornire una migliore esperienza agli utenti del sito: se un lettore arriva al mio blog e trova un post che non solo risponde alle sue domande, ma fornisce anche link verso ulteriori letture e suggerimenti correlati, con molta probabilità il suo grado di soddisfazione sarà maggiore come la possibilità che torni a farci visita.

2) Vantaggi SEO: una buona distribuzione del linking interno aiuta l'indicizzazione dei nuovi contenuti.

3) Aumento del numero delle pagine visitate: Con i giusti link per approfondimenti è molto probabile che l'utente decida di visitare più pagine e non fermarsi solo alla pagina di atterraggio.

4.6. Ottimizzazione SEO

Premettendo che come per tutti gli aspetti tecnici bisogna sempre informarsi in rete sulle ultime novità e quindi risulta spesso superfluo dare informazioni dettagliate facciamo comunque alcune considerazioni sintetizzando il lavoro svolto da Davide Cobelli nel suo marketingefficace.it. Ottimizzazione SEO significa andare a lavorare su tutti quegli aspetti che i motori di ricerca considerano importanti per calcolare la pertinenza dei contenuti da proporre nelle SERP sulla base delle query degli utenti. Particolare attenzione dobbiamo porla sui seguenti elementi:

1) Title: È uno dei fattori più importanti per l'ottimizzazione. E' quello che viene mostrato agli utenti all'interno delle SERP. Ogni pagina dovrebbe avere un title univoco, breve e descrittivo, in grado di attirare l'attenzione dell'utente. Di default il Title corrisponde al titolo del post, ma con alcuni plugin si può personalizzare e diversificare.

2) Description: È la continuazione del tag title, serve a descrivere il contenuto della pagina e viene mostrato nelle SERP sotto il title. Non ha molta rilevanza per il posizionamento ma può essere importante per aumentare il CTR nelle SERP.

Glenn Gould suona le **Variazioni Goldberg** (Danilo Poccia ... — title
blogs.oracle.com/danilop/entry/glenn_gould_suona_le_variazioni
14 ott 2007 – **Glenn Gould** suona le **Variazioni Goldberg** 26-30 e l'Aria Da Capo in — description
una delle registrazioni in studio che contraddistinguono l'ultima parte ...

3) Immagini: specificare sempre larghezza ed altezza delle immagini con i paramatri width e height, compilare in modo breve ed esplicativo gli attributi ALT e TITLE e utilizzare dei nomi esplicativi per i nostri file immagine.

4) Intestazioni: verifichiamo sempre che nel tema utilizzato i titoli dei post siano inseriti nel tag H1 (<h1>Titolo del post</h1>) mentre all'interno degli articoli sia possibile utilizzare il tag H2 per titolare i paragrafi e se scriviamo degli articoli abbastanza lunghi è importante rispettare la struttura gerarchica.

4) Anchor Text: Ottimizzare gli anchor text dei link è molto importante. L'anchor text inserito deve essere breve (2-4 parole), ed a tema con la risorsa che linkiamo, vanno inserite nell'ancor text le parole chiave per le quali vorremmo che l'articolo linkato uscisse nelle SERP[73].

5) Gestione degli errori 404: L'errore 404 si verifica quando un utente (o spider) tenta di accedere ad una risorsa non più esistente (spostata, eliminata, modificata, link errato). È possibile personalizzare tale pagina per invogliare l'utente a rimanere nel blog. Verificare gli errori 404 nei Google Webmaster Tools e correggerli.

6) Plugin SEO per WordPress: WordPress SEO by Yoast[74], è uno dei plugin più recenti e tra i migliori disponibili per l'ottimizzazione di WordPress. Limita il problema dei contenuti duplicati, crea la sitemap XML, ha le funzioni di pinging, navigazione breadcrumb e analisi SEO.

7) Velocizzare l'indicizzazione di un post: Ogni volta che pubblichiamo un nuovo articolo è opportuno notificarlo ai motori di ricerca affinché lo indicizzino velocemente. Per fare ciò si possono utilizzare i servizi di pinging, in WordPress per attivare i servizi di pinging basta andare alla voce di menu servizi di aggiornamento e attivare più di un servizio tra quelli disponibili.

---

[73] <ahref="http://www.miosito.it/indirizzo-del-post/">AnchorText</a>

[74] http://wordpress.org/extend/plugins/wordpress-seo/

4.7. Revisione finale

Una volta scritto l'articolo possiamo eseguire delle operazioni di routine su una lista di controllo per controllare che siano rispettati i determinati standard qualitativi e per assegnare lo stato di "pronto alla pubblicazione" al nostro post. Un tipico processo di pubblicazione potrebbe includere i seguenti punti di controllo:

• Il titolo del post contiene le parole chiave?

• Nel post vi è almeno un'immagine?

• Sono presenti errori ortografici o di sintassi?

• Ho verificato le informazioni delle risorse esterne che ho incluso nel post?

• Ho incluso elementi che sollecitano i commenti dei visitatori?

• Il formato rispetta le linee guida?

• L'articolo è stato ottimizzato per la SEO?

4.8. Strategia di pubblicazione

Il passo successivo è quello della scelta del ritmo di pubblicazione. Con Google calendar (o simili), potremmo pianificare il ritmo di scrittura degli articoli considerando anche tutti gli altri aspetti del progetto web come promozione, marketing, design e così via. Dovremmo pianificare l'attività per almeno un mese e poi rivedere il programma sulla base dell'adattamento al nostro stile di vita e al livello di interesse suscitato negli utenti. La pianificazione è molto utile in quanto ci fornisce una chiara idea della struttura narrativa che dovremmo tenere per la produzione dei contenuti.

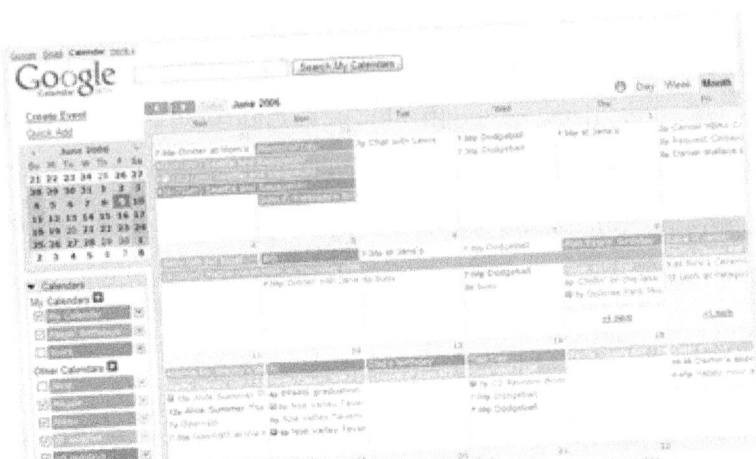

Il processo di pubblicazione potremmo riassumerlo in 5 fasi:

1) Contenuti: abbiamo una chiara idea di quali siano i contenuti da produrre e su quale sia la direzione che deve prendere il nostro sito, per questo motivo andremo ad inserire all'interno del calendario a intervalli regolari gli argomenti da coprire.

2) Mappatura: elaborata la strategia delle informazioni, dovremmo creare le categorie di contenuti che le contengano in modo da poterle raggruppare affinchè si ottenga un logico sviluppo schematico e narrativo.

3) Programma: in un calendario inseriamo in corrispondenza di date e giorni i titoli dei post ricordandoci di assegnare colori differenti a seconda della categoria del post, questo ci permetterà di vedere a colpo d'occhio se abbiamo posto troppo l'accento su un determinato argomento in una sola settimana.

SUNDAY	MONDAY	TUESDAY	WEDNESDAY	THURSDAY	FRIDAY	SATURDAY
		Income split: Aug/Sept				
Why $7 products rock	7 Deadly Fears of Blogging	storyselling	DONT MOVE 5 reasons to use press releases to promote your blog	How to Use Inception Marketing on Your Blog	Brand avatars for bloggers	Autoresponders on roids
Blogger accountability 101						

4) Gestione dei contenuti in Wordpress: inseriamo gli articoli su wordpress secondo la scaletta di pubblicazione predefinita nel calendario. L'accortezza che dovremmo avere è quella di dilazionare la pubblicazione nel tempo, ad intervalli regolari. Ad esempio potremmo decidere di pubblicare 3 articoli a settimana, uno ogni 2 giorni o 6, uno al giorno. L'importante è essere costanti, ciò sarà molto utile sia per i motori di ricerca affinchè gli spider dei motori indicizzino il sito in maniera regolare che per fidelizzare i nostri visitatori.

5) Impostare la pubblicazione ritardata dei post: non è neccessario entrare ogni giorno in amministrazione per pubblicare con regolarità. Possiamo decidere la pubblicazione impostando le date e l'ora in qualsiasi momento attraverso il pannello di amministrazione.

4.9. Difendere i propri contenuti

La problematica dei contenuti copiati/duplicati è una delle principali cause che possono creare problemi con Google, i contenuti duplicati sia interni che esterni al sito sono da evitare per non incorrere in possibili penalizzazioni che possano rendere vani i nostri sforzi. E' importante gestire i contenuti duplicati internamente al proprio blog e fare in modo che altri blog "aggregatori" non copino i nostri articoli. La copia può essere manuale mediante il copia incolla del contenuto dei post o automatizzata attraverso aggregatori che sfruttano i Feed RSS per realizzare articoli cloni. Non ci sono soluzioni definitive che ci possano proteggere contro la copia manuale, fortunatamente comunque questa in genere riguarda singoli articoli e non tutti i nostri contenuti, mentre ci sono vari metodi che possono aiutarci nell'individuazione di chi copia gli articoli automaticamente. Potremmo utilizzare programmi come Copyscape[75] o Copygator[76] oppure ricercare frasi su Google mettendo tra virgolette un insieme di parole[77], in pratica si indica a Google di prendere in considerazione le parole esatte in quel preciso ordine, senza alcun cambiamento. «[...][78] Una volta individuato il sito che sfrutta i nostri contenuti possiamo avviare tutta una serie di operazioni:

1) Scrivere al titolare del sito utilizzando il form contatti o se presente un indirizzo email di riferimento o se non sono presenti, provare con il WHOIS per risalire ai dati del titolare del dominio. 2) Eliminare i Feed RSS: non rendere più disponibili i Feed RSS toglie la sorgente dei dati dalla quale vengono copiati gli articoli risolvendo il problema è però una soluzione fortemente sconsigliata in quanto

---

[75] www.copyscape.com

[76] www.copygator.com

[77] http://support.google.com/websearch/bin/answer.py?hl=it&answer=136861

[78] Davide Cobelli: Marketing Efficace Strategie di Marketing On-line e Off-line - http://www.marketingefficace.it/

i Feed RSS sono molto utili per fidelizzare gli utenti e portano parecchio traffico.

3) Inserire solo il riassunto dei post nei Feed RSS: Inserendo solo il riassunto nei Feed RSS chi ci copia non potrà ripubblicare l'intero articolo ma solo una porzione.

4) Sfruttare a fini SEO gli articoli copiati inserendo link interni alla fine dell'articolo solo nei Feed RSS. Molto spesso però chi copia gli articoli rimuove tutti i link presenti in esso in maniera semplice e automatica.

5) Segnalazione a Google: segnalazione di spam[79], segnalazione di violazione copyright[80].

6) Bloccare l'IP dell'aggregatore nel file .htaccess: è una soluzione molto efficace, l'indirizzo IP del server su cui è hostato il blog che ci copia i contenuti si può visualizzare con il comando ping da Command Prompt».

5. I sistemi di monitoraggio necessari al sito

Il nucleo fondamentale per la riuscita di ogni piano di web marketing è la scelta degli strumenti, e questo vale soprattutto nell'online. Gli strumenti che abbiamo a disposizione per monitorare il nostro progetto web, sono estremamente precisi e questo èbene tenerlo in considerazione. Per capire fino in fondo quanto sia importante questo fattore consideriamo per un momento qual'è il livello di

---

[79] https://www.google.com/webmasters/tools/spamreport?hl=it&pli=1

[80] http://support.google.com/bin/static.py?hl=it&ts=1114905&page=ts.cs

misurabilità consentito da un mezzo tradizionale come la stampa. «[…][81] Un'azzeccato aforisma dell'imprenditore John Wanamaker recita così: "Metà dei soldi che spendo in pubblicità sono buttati, purtroppo non so quale delle due metà sia". Se Wanamaker fosse vissuto oggi non avrebbe più questo problema, perché se è ancora possibile sprecare il 50% degli investimenti in web marketing, è finalmente possibile sapere dove, come, quando e perché, e il tutto anche in corso d'opera». Ad esempio se volessimo controllare la resa di una singola pagina con dentro inserzioni promozionali, potremmo sapere esattamente quante persone cliccano sul messaggio pubblicitario e anche io rapporto tra numero di visite e click che ci può essere molto utile per migliorare le caratteristiche della mia pagina al fine di migliorare la percentuale di click (CTR o click trough rate), e senza dimenticarcelo mai, tutto questo lo possiamo sapere gratuitamente, utilizzando appunto gli strumenti che mi mette a disposizione la rete e Google in particolare.

Il vantaggio del monitoraggio in rete non si esaurisce nella precisione della misurazione dell'efficacia. La disponibilità in tempo reale dei dati è un'altro aspetto fondamentale, infatti nel momento in cui una campagna è in corso cominciano ad arrivare subito dati reali: ad esempio, è possibile sapere in tempo reale quante volte un dato banner è stato visualizzato e quante volte sia stato cliccato dagli utenti. Si tratta di informazioni che possono fornire un quadro molto preciso della situazione e consentono di effettuare valutazioni per

---

[81] Alessandro Venturi, Giuseppe Covino: Web Marketing per le PMI pag. 51

proseguire o meno su una certa linea. Investimenti mirati richiedono una misurazione puntuale è quindi necessario che il nostro sito sia dotato di un sistema di statistiche, cioè di rilevazione dettagliata degli accessi dei visitatori e di tutti gli altri parametri a loro connessi. Ci sono molti strumenti che possono assolvere molto bene al compito del monitoraggio degli obiettivi e degli accessi, ma tra tutti almeno inizialmente mi sento di consigliare Google Analytics, ciò non tanto per la sua gratuità, quanto per il fatto che si tratta dello strumento più diffuso e conosciuto, e come tale più facile da maneggiare per qualsiasi operatore del web marketing, anche principiante.

Il monitoraggio è un'attività imprescindibile, se abbiamo come obiettivo la sostenibilità economica del nostro progetto.

5.1. I due strumenti indispensabili

In questo paragrafo andremo ad analizzare due strumenti, a mio parere complementari, che ci possono permettere di conoscere molte informazioni a supporto del nostro lavoro.

1) **Google Analitycs**: strumento di monitoraggio gratuito e molto potente fornito da Google. Tramite Analytics si possono tracciare le visite al sito e le azioni che compiono i visitatori in esso; la registrazione è gratuita[82] ed il codice di tracking fornito può essere inserito nel sito in due modi: manualmente nella sezione <head></

---

[82] http://www.google.com/intl/it/analytics/

head> del file header.php del nostro tema, oppure attraverso un apposito plugin[83]. Dopo averlo installato potremo sapere un'infinità di informazioni, riepilogo qui di seguito alcune di esse:

A) Il numero dei visitatori: se sono in aumento o in diminuzione e quali potrebbero essere le ragioni della fluttuazione.

B) Fenomeni orari e di stagionalità: sapere quali sono i periodi del giorno o della settimana nella quale il sito viene più visitato ci può fornire un utile indicazione su quando ad esempio pubblicare un nuovo articolo. Conoscere le variazioni stagionali, può influenzarci sul tipo di contenuti da pubblicare per attirare il traffico stagionale.

C) Frequenze di rimbalzo: ci serve a capire quante persone arrivano sul sito e immediatamente lo lasciano. Molto utile per preparare contenuti e formati più attraenti al fine di diminuire il rimbalzo e aumentare i tempi di permanenza.

D) Pagine visitate: mostra il numero delle pagine visitate. Un utente quando arriva nel sito può vedere più di una pagina, e sapere quali sono le pagine più viste ci fa aiuta a comprendere quali sono i contenuti pilastro che dovremmo maggiormente sviluppare.

E) Tempo di permanenza: più sono lunghi e maggiore è la probabilità che i visitatori stiano leggendo buoni contenuti.

F) Nuove visite o visitatori di ritorno: Ci può dare un'idea di quanti lettori siamo riusciti a fidelizzare e quanto siamo incisivi nell'attirare nuovi utenti dai motori di ricerca.

---

[83] Google Analytics for WordPress - http://wordpress.org/extend/plugins/google-analytics-for-wordpress/

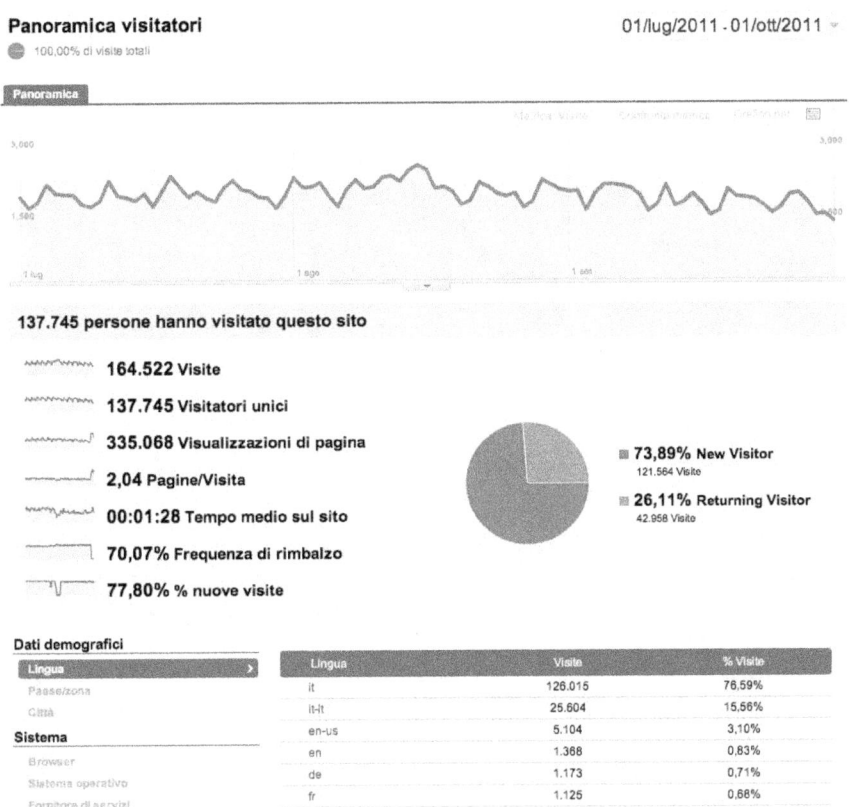

Panoramica visitatori   01/lug/2011 - 01/ott/2011

137.745 persone hanno visitato questo sito

- 164.522 Visite
- 137.745 Visitatori unici
- 335.068 Visualizzazioni di pagina
- 2,04 Pagine/Visita
- 00:01:28 Tempo medio sul sito
- 70,07% Frequenza di rimbalzo
- 77,80% % nuove visite

73,89% New Visitor
121.564 Visite

26,11% Returning Visitor
42.958 Visite

Lingua	Visite	% Visite
it	126.015	76,59%
it-It	25.604	15,56%
en-us	5.104	3,10%
en	1.368	0,83%
de	1.173	0,71%
fr	1.125	0,68%
es	679	0,41%
de-de	608	0,37%
pl	410	0.25%

G) Da quali fonti arrivano le visite: la maggior parte arriva dai motori di ricerca e con Analitycs posso vedere quali parole chiave portano traffico al sito. Questo ci aiuta a sapere come ottimizzare da un punto di vista SEO il sito e ci dà suggerimenti su quali contenuti puntare.

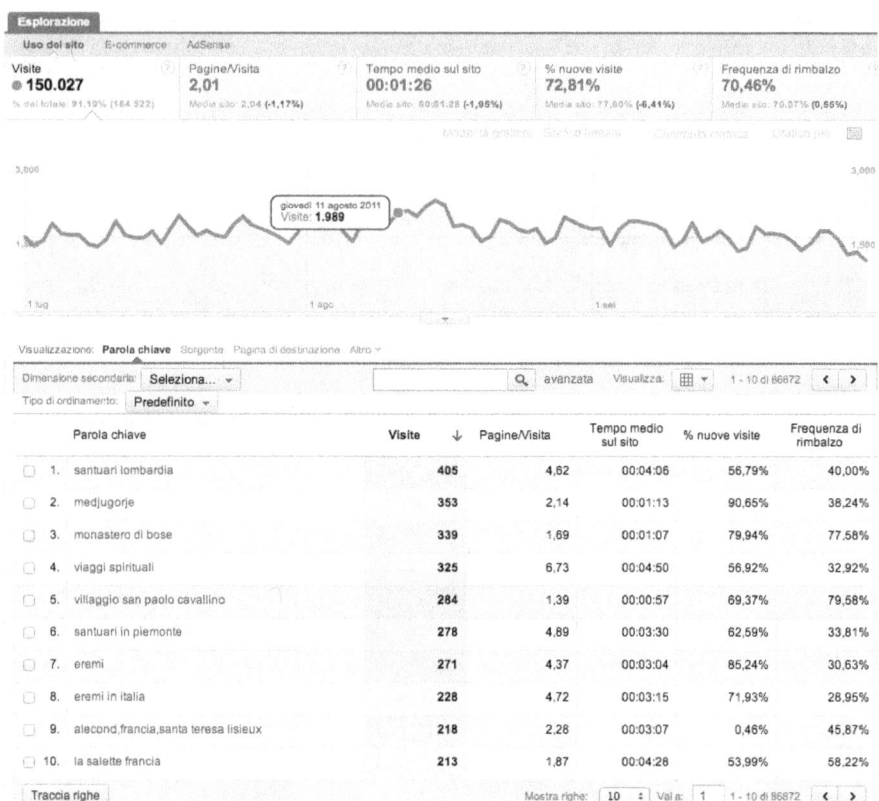

H) Sapere dove cliccano gli utenti nella pagina: questo ci può aiutare nello strutturare al meglio la nostra pagina affinchè gli utenti siano stimolati a cliccare alcuni link piuttosto che altri.

I) Pagine in uscita: potremmo scoprire una pagina che ha una percentuale di uscita molto superiore alle altre, ad esempio perchè mal formattata.

L) Flussi di reddito: conoscere quali sono le pagine che convertono maggiori click sulle inserizioni Adsense.

M) Aree geografiche: sapere la provenienza dei visitatori può aiutarci nel tipo di contenuto da proporre.

2) **Google Webmaster Tools**[84]: sono una serie di strumenti che Google mette a disposizione di tutti i gestori di siti web.

Google è a conoscenza di innumerevoli dati inerenti ogni sito web indipendentemente dal fatto di essere iscritti o meno a questo servizio. Con il Webmaster tools, Google condivide parte (e solo parte...) di questi dati per permettere ai webmaster di migliorare le prestazioni del sito sulle base delle regole dettate dal motore stesso. E' come se ci dicesse come "vede" il nostro sito e come dobbiamo comportarci per farglielo vedere correttamente. Vediamo in dettaglio gli strumenti principali:

A) Sitemap: E' un file che segnaliamo a Google dove sono presenti tutte le pagine del nostro sito in maniera tale da farle spiderizzare per indicizzarne i contenuti. Tramite l'utilizzo delle Sitemap, il cui standard viene adottato dai principali motori di ricerca, Google, Bing e Yahoo!, specificheremo esattamente quali sono le pagine che costituiscono il nostro sito, la data dell'ultimo aggiornamento, e la priorità di ogni singolo URL. L'utilizzo corretto delle Sitemap ha una grande importanza per la corretta e completa indicizzazione dei siti web.

---

[84] https://www.google.com/webmasters/tools/home?hl=it

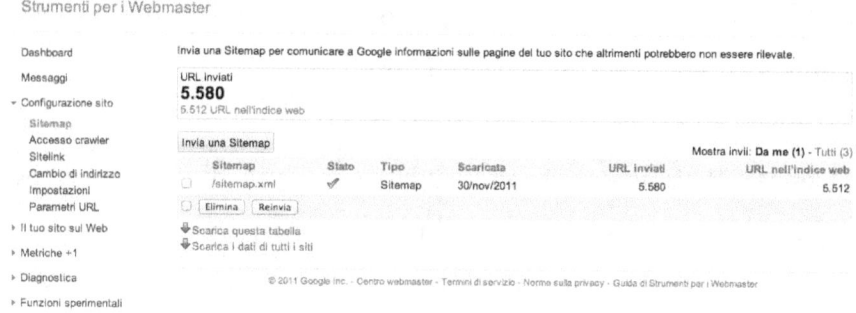

Come potete vedere da questo esempio, la sitemap contiene 5.580 URL (tutte le pagine che ho intenzione di fare indicizzare) di cui 5.512 indicizzati. Il rapporto tra url inviati e url indicizzati varia spesso, può capitare che a volte google ne indicizzi molte meno, se andiamo sotto il 50% occorre assolutamente aumentare la link popularity.

B) Cambio di indirizzo: Se proprio siamo costretti a cambiare indirizzo web, ossia il dominio, dobbiamo avvalerci di questo strumento per segnalare a Google che il nostro sito internet ha cambiato indirizzo.

C) Impostazioni: ci permette di segnalare se vogliamo indicizzare il sito con il www o senza. Impostare un dominio preferito significa non disperdere la popolarità: se ad esempio 10 siti internet ci linkano, parte con il www e parte senza, il valore di questi link si divide in al 50%. Impostando il dominio preferito segnalo a Google di dirigere la popolarità solo su un dominio ad esempio su quello con il www.

D) Query di ricerca: sono le chiavi di ricerca che digitano gli utenti di Google per arrivare al nostro sito.

Query 10.643	Impressioni 1.200.000 250.000 valori visualizzati		Clic 40.000 ↓ -20% 6.500 valori visualizzati					
Query	Impressioni	Modifica	Clic	Modifica	CTR	Modifica	Posizione media	Modifica
medjugorje	12.000	↓ -33%	400	↓ -33%	3%		28	↓ -20
voghera	8.000	↑ 789%	90		1%	↓ -9,0	8,6	↓ -5,0
madonna di lourdes	8.000		60	↓ -33%	1%	↓ -0,4	88	↑ 20
monastero di bose	6.500		90	↓ -18%	1%	↓ -0,3	4,1	↓ -0,8
san francesco d'assisi	4.500	↓ -62%	<10	↓ -100%	-	↓ -0,2	64	↑ 40
città della pieve	3.500	↑ ∞	110	↑ ∞	3%	↑ 3,0	2,6	
santa teresa di lisieux	3.000	↑ 20%	150	↑ 67%	5%	↑ 1,0	14	↑ 20
foligno	3.000	↑ 200%	150	↑ 150%	5%	↓ -1,0	3,0	↓ -0,5
comunità di bose	2.500	↑ 25%	60	↑ 20%	2%	↓ -0,1	3,9	↑ 1,0
bressanone	2.500	↑ 257%	35	↑ 59%	1%	↓ -2,0	12	↑ 6,0
santuario di lourdes	2.500		35	↑ 17%	1%	↑ 0,2	17	↓ -5,0
santuario di loreto	2.500	↓ -17%	22	↓ -27%	1%	↓ -0,1	28	↓ -10
gesù bambino	2.500	↑ 257%	<10	↑ ∞	-		120	↓ -6,0
madonna di fatima	2.000		12	↓ -25%	1%	↓ -0,2	160	↑ 50
grazie	2.000	↓ -56%	<10	↑ ∞	-		340	↓ -70
madonna delle grazie	2.000		<10	↑ ∞	-		150	↑ 20
madonna di loreto	2.000	↑ 25%	<10	↑ ∞	-		120	↓ -4,0
gerusalemme	2.000	↓ -43%	<10	↑ ∞	-		160	↓ -60
ascoli piceno	1.600	↓ -20%	50	↓ -17%	3%	↑ 0,1	8,4	↓ -4,0
madonna della salute	1.600	↑ 220%	<10	↑ ∞	-		73	↑ 20
aiuto	1.600	↓ -20%	<10	↑ ∞	-		130	↓ -40
santi	1.600	↑ 9.900%	<10	↑ ∞	-		25	↑ 300
madonna del ghisallo	1.300	↑ 160%	35	↑ 59%	3%	↓ -2,0	6,9	↑ 5,0

Nell'esempio possiamo vedere le keywords digitate dagli utenti per entrare nel sito. Aprendo nel dettaglio la chiave "medjugorje", vediamo che nell'ultimo mese è apparso in serp per questa chiave 12.000 volte, ed è stato cliccato 400 volte generando un CTR del 3% (rapporto tra impressioni e click). La posizione media è il dato più interessante, infatti vedo che con la chiave "medjugorje" siamo in media al 28° posto, una posizione da migliorare.

Plugin mancante

Impressioni	Clic	CTR	Posizione media
12.000	**400**	**3%**	**28**

Pagina	Impressioni Modifica		Clic Modifica		CTR Modifica
/2010/04/le-apparizio ni-di-medjugorje/	12.000	↓ -20%	400	↓ -33%	-
/2010/11/medjugorj e-dove-la-fede-rinasce/	110	↑ 817%	<10	↑ ∞	-
/2011/06/santuario-madonna-dell'uliveto-pa ssignano-sul-trasimeno-perugia/	<10	↑ ∞	<10	↑ ∞	
/2011/10/pensione-kozina-marinko-medjug orje/	<10	↑ ∞	<10	↑ ∞	
/2010/08/santuario-santa-maria-a-mare—fe rmo-ascoli-piceno/	<10	↑ ∞	<10	↑ ∞	
/viaggi/medjugorje /hotel-medjugorje/	<10	↑ ∞	<10	↑ ∞	
/2009/09/santuario-					

E' proprio il webmaster tool che mi suggerisce come poter migliorare la posizione: per "medjugorje" ho varie pagine che mi portano traffico, alcune delle quali senza una vera pertinenza. Per migliorare la posizione dovrei rendere più forti le pagine pertinenti concentrando su di esse i link che spingono quella chiave a discapito delle altre.

E) Link che rimandano al sito: con questo strumento possiamo vedere tutti i link che arrivano al nostro sito e quindi valutare come procede la nostra popolarità.

F) Link interni: ci permette, con una rapida occhiata, di capire se stiamo dando a Google la struttura del sito che noi volevamo. Mi dice il numero esatto di link che internamente distribuisco alle mie pagine. Ad esempio vedo che la home page è la più linkata, seguita da altre pagine importanti. Con questo tool posso sapere se effettivamente ho dato l'importanza giusta alle pagine alle quali voglio dare maggiore visibilità.

G) Errori di scansione: molto importante perchè possiamo vedere tutti gli errori del nostro sito e correggerli per non farli ritrovare a Google e soprattutto ai nostri utenti. Ci sono errori "soft" di minore importanza o errori gravi come quando la pagina fisicamente non c'è sul server oppure quando mi stanno linkando dall'esterno verso una risorsa che non è più disponibile. Grazie a queste informazioni, possiamo risalire all'errore e risolverlo alla radice.

H) Suggerimenti html: Occorre prestare attenzione soprattutto ai title duplicati in quanto è il primo indice di duplicazione di contenuti.

6. La promozione del sito web

La promozione sul web rappresenta ormai l'unico modo efficace per ottenere dei risultati concreti con il proprio sito.

Avere un sito sul web non serve a nulla se non viene promosso per aumentare la sua visibilità e la sua produttività cioè se non viene visitato da persone interessate ai suoi prodotti e servizi. Il web viene sempre più utilizzato per prenotare vacanze, per acquistare direttamente online, per richiedere e trovare servizi e informazioni di qualsiasi tipo. «[...][85] In questo scenario, diventa necessario muoversi bene, e possibilmente prima degli altri, bisogna sfruttare le opportunità offerte dai motori di ricerca e dai Social Network per far decollare il proprio progetto web poichè la concorrenza è sempre più agguerrita». In questo capitolo tratteremo i principali metodi di promozione del sito, escludendo di proposito i metodi a pagamento che non rientrano nello spirito di questo progetto. Certo potremmo promuovere un nostro progetto anche a pagamento ma essendo possibile farlo senza, preferisco concentrarmi sui metodi che richiedono solo strategia e lavoro.

Se analizziamo l'immagine seguente possiamo vedere quali sono gli elementi che secondo SEOmoz[86], incidono favorevolmente sulla promozione del proprio sito:

[85] Luca Bove: Promozione Sito sul Web - Promuovere Siti Internet http://www.imevolution.it/web-marketing/promozione-sito-sul-web.html
[86] http://www.seomoz.org/blog/whiteboard-friday-the-seo-fundamentals-pyramid

For optimal results, start with a
strong base, and build your way up.

Ho evidenziato in giallo i primi due piani della piramide, quelli che consigliano di costruire una solida base di contenuti accessibili e di qualità e di fare un'accurata ricerca sulle parole chiave inerenti il potenziale pubblico della nostra nicchia, perchè sono argomenti ampiamente trattati nei capitoli precedenti. Ciò ovviamente mi conforta nel senso che la strada percorsa sin qui è, anche secondo questa importante fonte una solida base per raggiungere risultati in un progetto web. La differenza però che mi sento di sottolineare è che a mio parere l'analisi delle parole chiave e del mio target deve essere precedente alla creazione dei contenuti, prima vengono le idee, i progetti e i modelli di business, poi i contenuti di qualità accessibili.

Comunque secondo questa visione, per arrivare ad avere successo e quindi per raggiungere una sostenibilità economica, occorre aggiungere al lavoro sin qui svolto, altri due piani: quello relativo alla costruzione di una popolarità data dalla creazione di un reticolato di link che avvolgono il nostro progetto sia in uscita che soprattutto in entrata, la cosiddetta "link popularity" e la relazione profonda e quantomai necessaria con i social media.

Questa visione, è stata arricchita in maniera originale da Matt McGee nel suo blog "Small Business Search Marketing". Egli sostiene che il vero fulcro, necessario al progetto per avere successo, sia il fatto che si debba guadagnare nella propria nicchia una condizione di forte credibilità. La fiducia è quanto di più necessario per essere avvantaggiati nella visibilità del proprio progetto. Nello sviluppo schematico seguente[87], evidenzio in giallo le parti già trattate dal presente elaborato:

---

[87] http://www.smallbusinesssem.com/the-seo-success-pyramid/971/

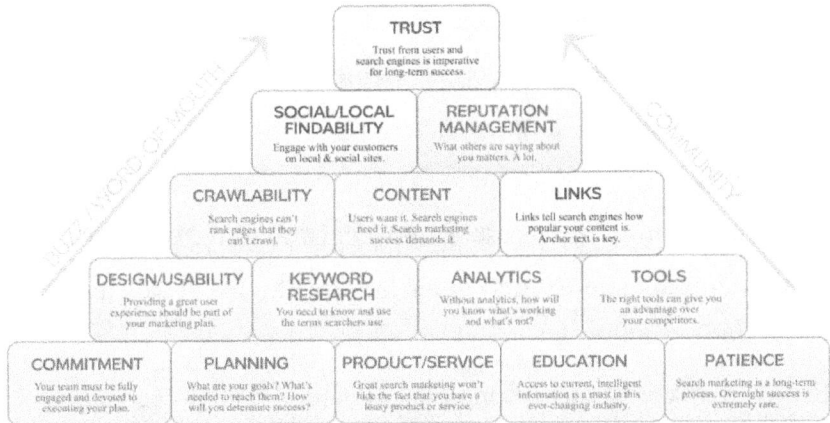

Come possiamo vedere, al vertice della piramide c'è il trust, la fiducia che ci deve essere riconosciuta dagli utenti e dai motori di ricerca.

Cerco ora di descrivere in dettaglio, i vari punti indicati nel grafico:

1) Impegno: Ogni progetto di successo richiede dedizione, costanza e perseveranza.

2) Pianificazione: Quali sono gli obiettivi del sito? Quali sono i mezzi e le strategie per perseguirli? In quali termini saranno monitorati i risultati?

3) Prodotto/Servizio: Una eccellente campagna di promozione online non potrà mai sopperire ad un prodotto o un servizio scadente. Le vendite nel lungo termine si fanno con la qualità!

4) Informazione: L'accesso all'informazione, in un mondo in cui i cambiamenti avvengono su base giornaliera, rappresenta una fase critica imprescindibile.

5) Pazienza: Nonostante qualche rara eccezione, il web marketing è un processo di lungo periodo che richiede tempo e dedizione per essere implementato efficacemente.

6) Design & Usabilità: Offrire agli utenti contenuti fruibili e navigazione intuitiva deve essere uno degli obiettivi del marketing plan. Gli utenti del sito devono poter fare quello che si aspettano dal sito in oggetto.

7) Ricerca Keywords: Quali sono i termini che gli utenti cercano?

8) Analisi Statistiche: Misurazione dei risultati e adeguamento tattiche e strategie sulla base delle analisi ottenute.

9) Strumenti: L'accesso a particolari strumenti di Search Marketing può rappresentare un vantaggio concreto nei confronti della concorrenza.

10) Accessibilità: I motori di ricerca non possono accedere a contenuti che risultano difficilmente navigabili e/o poco accessibili oppure a siti con codice poco ottimizzato.

11) Contenuti: Gli utenti cercano contenuti. I motori di ricerca sono affamati di contenuti. Un Search Marketing di successo non può prescindere da validi contenuti.

12) Links: I link "dicono" ai motori di ricerca quanto è popolare il contenuto un sito.

13) Social Media e Ricerche Locali: l'obiettivo principale resta quello di "farsi trovare" nella maniera più semplice possibile. I Social Networks e la geo-localizzazione possono rappresentare un valido supporto alla diffusione di un brand.

14) Reputazione: Cosa dice la gente di te e del tuo sito?

15) Fiducia: E' il fattore più importante nonchè principale obiettivo. I siti più conosciuti e importanti sono quelli che si sono conquistati la fiducia degli utenti.

Infine costruirsi una base di utenti che parlano del nostro sito positivamente attraverso il passaparola o meglio ancora attraverso una community, ci aiuterà a scalare la piramide più rapidamente.

6.1. Visibilità nei motori di ricerca

Per creare un sito che faccia traffico innanzi tutto bisogna saperlo posizionare sui motori di ricerca. Nei capitoli precedenti abbiamo visto come ottimizzare il sito, ora occorre soffermarci sulle strategie SEO per i cosiddetti fattori "off page". Come specificato precedentemente, il fattore che incide maggiormente per posizionare bene il proprio sito è arrivare ad avere una certa autorevolezza. Concentrarsi solo sui singoli aspetti quali il numero dei backlink, la velocità del server, la pertinenza dei contenuti o il comportamento degli utenti in SERP e cosi via, non ci dà una visione generale di ciò che dovremmo fare per strutturare un buon lavoro SEO.

Il concetto che vorrei mettere in evidenza è che l'autorevolezza del progetto porta i massimi benefici anche per i motori di ricerca. Avere autorevolezza significa essere ritenuti esperti e degni di fiducia non solo da parte degli utenti, questa fiducia viene ritenuta attendibile anche da Google.

«[...] Se il sito è autorevole nel vostro settore, lo sarà anche per Google. Ad esempio, se voi siete web designer, un link da Smashing Magazine o A List Apart, aiuterà come un gran numero di altri siti che linkano verso essi, la causa di ciò è che questi siti rappresentano un 'hub' all'interno del settore del web design.» – Joost De Valk, Yoast[88]

«[...] L'autorevolezza all'interno di un contesto di ricerca, prende in considerazione tutti gli elementi del sito che ne determinano il posizionamento, più sarà autorevole il sito e più esso sarà visibile nelle SERP»[89].

Come abbiamo già accennato ci sono molti fattori che influenzano direttamente l'autorevolezza, sia positivi che negativi scorriamoli velocemente:

1) Backlink (positivo): in linea generale un sito web dovrebbe avere una crescita di backlink costante e naturale nel tempo, questo fa riconoscere a Google una link popularity "naturale" da una "artificiale". «[...] Per me questo è diventato il fattore più importante, quello meno discusso forse, ma il più importante. La costante crescita dei link non fa altro che dire ai motori di ricerca che il nostro sito è sempre autorevole, sempre[90]». La forza dei backlink dipende da diverse componenti: dalla contestualità, dalla parola

---

[88] http://yoast.com/

[89] Chris Garrett How to Grow Your Google Authority
http://www.chrisg.com/google-authority/

[90] Giorgio Taverniti: http://www.giorgiotave.it/fattori/2011/esperti/
risposte/114

chiave nell'anchor text, dal numero dei differenti domini che ci linkano, dalla loro multicanalità (forum, blog, social), dall'anzianità del link, dalla loro posizione all'interno delle pagine e dagli attributi (es. nofollow).

2) Backlink (negativo): se Google si accorge che il link in entrata, è stato acquistato si incorre certamente in una penalizzazione. I link non dovrebbero mai essere acquistati, Matt Cutts è molto appassionato nella ricerca delle compravendite di link e tutti i segnali che propendono ad un modello innaturale di crescita di backlink sono guardati con molta attenzione da Google. Un'altro aspetto che certo non favorisce il posizionamento è avere dei backlink provenienti da un unico dominio, i link dovrebbero provenire da differenti domini, a testimonianza della qualità dei contenuti proposti. Se facciamo ottimi contenuti difficilmente verremmo apprezzati solo da un utente. Infine link in uscita ed in entrata di bassa qualità o da peggio da siti spam è altamente penalizzante.

3) Fattori indipendenti dal codice e dai backlink: metriche sociali e quindi la presenza nei vari social network, segnali provenienti dall'andamento traffico, utilizzo della pubblicità, autore dell'articolo, e così via.

Riporto qui di seguito due schemi, quello del forum GT [91]che sintetizza molto bene i vari fattori di posizionamento, sia interni che esterni:

---

[91] http://www.giorgiotave.it/fattori/2011/esperti

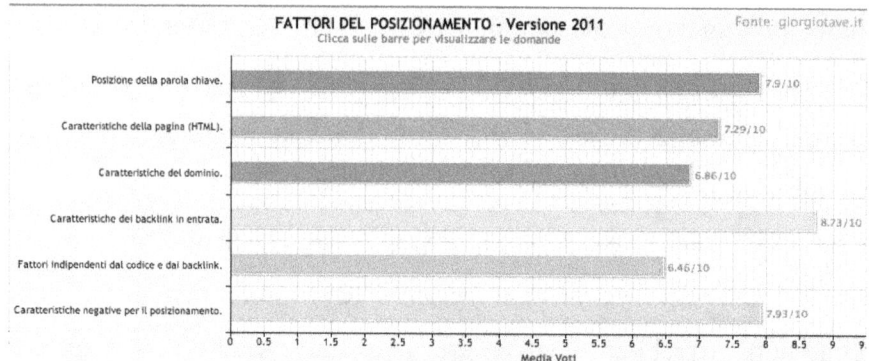

e una sintesi di quello proposto da Chris Garret[92], in grado di spiegare in maniera molto semplice quali sono i fattori che Google considera nell'assegnare autorevolezza ad un sito web:

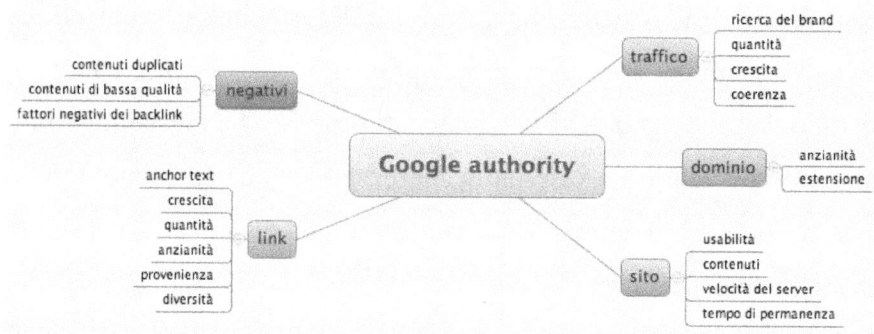

6.1.1. Le penalizzazioni

Google fornisce ai webmaster delle linee guida da rispettare per non incorrere in possibili penalizzazioni[93].

Esistono tre tipologie di penalizzazione:

---

[92] http://www.chrisg.com/google-authority/

[93] http://support.google.com/webmasters/bin/answer.py?hl=it&answer=35769

1) Filtro: un filtro viene applicato quando una pagina o un intero sito non appare tra i risultati della ricerca. Cercando alcune parole chiave su Google le pagine del sito non escono in serp per quelle specifiche keyword. Una delle possibili cause potrebbe essere la duplicazione di contenuti.

2) Penalizzazione: è un declassamento del ranking del nostro blog su Google, la perdita di posizioni può essere più o meno rilevante a seconda del tipo di penalizzazione in atto.

3) Ban: è una misura più drastica delle precedenti, il sito in questo caso viene completamente escluso dai risultati forniti da Google.

Le penalizzazioni possono essere inflitte per vari motivi, ne elenco alcuni:

A) Mega menù: si ha quando è presente un lungo menù con molte voci (link), ad esempio può essere il lungo menù verticale che si vede su molti siti e blog nel quale sono inserite keyword ottimizzate, oppure il Tag Cloud che è una rappresentazione visiva dei tag utilizzati in un blog che dal punto di vista dei motori di ricerca sono decine di link inseriti in un piccolo spazio.

B) Tag Excess: quando si pubblica un articolo è possibile associare ad esso uno o più tag, ogni tag va a creare una pagina che raggruppa tutti i post a cui è associato, queste pagine vengono indicizzate da Google a meno che non si limiti la loro indicizzazione tramite un'apposita configurazione, lo stesso articolo è quindi raggiungibile su diverse pagine, si crea perciò un problema di contenuti duplicati interni al blog che può portare ad una penalizzazione di tipo automatico. Per questo motivo è consigliabile non superare il 20% di tag rispetto al numero di articoli presenti sul blog, la regola ha molto valore per i blog giovani, blog importanti con un buon trust corrono meno rischi.

C) Cattivi contenuti: si rischia con pagine con pochi contenuti, contenuti scadenti, copiati o fuori tema. Evitare anche le pagine con contenuti duplicati: se non configurato correttamente lo stesso articolo potrebbe comparire interamente in diverse pagine del sito, nella home page, nella pagina dell'articolo o in quelle dei tag, delle categorie, degli archivi. Un'idea potrebbe essere quella di mostrare in home page solo una porzione dell'articolo ed inserire un link "continua a leggere" che rimanda all'articolo completo, in questo modo la quantità di contenuto duplicato nella home page e nella pagina dell'articolo sarebbe minima. Inoltre consiglio di non far indicizzare i contenuti delle pagine tag e archivi tramite il file robots.txt o attraverso appositi plugin. 4) eccessiva pubblicità: la pubblicità nel sito non dovrebbe superare la quantità di contenuti utili.

6.1.2. Software di controllo SEO

Affinchè si possa costantemente monitorare i fattori di posizionamento, ci sono un paio di software che potrebbero esserci molto utili, il primo di questi si chiama ⸏OBJ⸎Xenu Link Sleuth[94]

---

[94] http://home.snafu.de/tilman/xenulink.html

(scaricabile gratuitamente) che è un software leggero e dalle piccole dimensioni molto utile per fare dei controlli periodici sulla struttura degli url. Tramite Xenu è possibile controllare che il sito non presenti anomalie quali, link interrotti, pagine non più esistenti (ma ancora linkate), link a siti esterni non più funzionanti, ecc. Una volta installato il software vi basterà andare su File -> Check URL, inserire l'indirizzo del sito da controllare, premere OK ed aspettare l'esito dell'analisi. Il secondo è Screaming Frog[95] SEO Spider che effettua la scansione del sito evidenziando gli elementi SEO presenti nelle pagine. Mentre Xenu ci fornisce informazioni dettagliate riguardo la struttura degli URL per verificare che non vi siano errori, Screaming Frog SEO Spider ci consente di fare una veloce analisi di un sito (anche quello di un concorrente) dal punto di vista dei parametri SEO.

6.2. Come migliorare la propria link popolarity

1) Creare ottimi contenuti: per attrarre link spontanei dobbiamo creare contenuti degni di riceverli. Occorre creare contenuti informativi arricchiti con belle immagini, video, grafici...

2) Usare i social media per promuovere le proprie conoscenze: non solo Facebook e Twitter, ma anche Flickr, YouTube, SlideShare. Tutti i social sono validi per ottenere link e la condivisione di contenuti attraverso i social media è un buon modo per integrarsi

---

[95] http://www.screamingfrog.co.uk/seo-spider/

alla rete sociale, costruire la nostra autorevolezza, e informare i nostri contatti. Non dobbiamo necessariamente condividere solo i nostri contenuti, possiamo condividere anche quelli di altri. Se troviamo un articolo di un'altro blogger interessante, potremmo postarlo sul nostro account social, i nostri lettori ci apprezzeranno. L'importante però è puntare sulla qualità, è meglio postare pochi articoli ma interessanti piuttosto che inondare l'account di un fiume di informazioni poco rilevanti. Non dobbiamo pensare alla promozione del nostro blog, quella verrà da sè, dobbiamo pensare a dare un contributo prezioso e coinvolgente alla conversazione.

3) Creare concorsi online: ad esempio per aumentare i nostri contatti su Facebook, potremmo chiedere agli utenti di cliccare su "mi piace" della nostra pagina Facebook per partecipare all'estrazione di un premio. L'importante è che il premio sia inerente la nostra nicchia. Se nella mia nicchia mi occuperò di cavalli non avrebbe alcun senso mettere in palio un i-pad! Dovremmo sviluppare e raccogliere contatti di persone interessate a ciò che facciamo.

4) Non perdere tempo a iscrivere il sito a directory spazzatura: Consiglio solo Dmoz e Yahoo per le altre occorre valutare attentamente se farlo o meno, a volte può essere sconveniente.

5) Farsi citare con backlink: Assicurarsi che chi utilizza i nostri contenuti citi la fonte con un bel link. Se intendono condividere i nostri contenuti (che ci sono costata tanta fatica...), dobbiamo sempre chiedere in cambio un backlink, se ovviamente esso non viene dato spontaneamente.

6) Lasciare commenti: commentare blog altrui è un altro ottimo modo per entrare in contatto con le persone della nostra nicchia. Commentare altri blogger della nostra nicchia, implica spesso l'inizio di fruttuosi rapporti. La regola fondamentale che occorre seguire in questi casi è lasciare sempre un valore aggiunto. Un commento che dice semplicemente "grande post" con la firma che contiene il link al nostro blog non aggiunge alcun valore al sito e sembra spam. Nel commento, occorre trovare punti di accordo, disaccordo o integrativi (magari con un link verso quella nostra risorsa che reputiamo integrativa al discorso). Ogni commento che lasciamo è rappresentativo di noi stessi, i buoni commenti ci daranno buona reputazione mentre quelli pessimi la danneggieranno.

7) Creare partnership: Le partnership fanno la differenza sul web. Tanti piccoli blog resteranno sconosciuti nell'immenso oceano di siti sulla rete ma se questi piccoli blog "fanno sistema" e si referenziano a vicenda in maniera corretta, possono posizionarsi su Google molto più velocemente.

8) L'Article marketing: «[96][...] Con Article-Marketing s'intende l'insieme di attività di stimolazione del mercato, analisi, promozione e comunicazione effettuata mediante la pubblicazione di articoli su portali, siti ad alto traffico o di settore. Si chiamano siti di article-marketing, quei circuiti nati appositamente per consentire ad utenti accreditati di inserire un proprio articolo, nel rispetto di alcune

---

[96] Francesco de Francesco: Scrittura ottimizzata di comunicati stampa e article-marketing pag. 17

regole».

Gli obiettivi dell'Article-Marketing sono: attirare e informare i visitatori, promuovere il nome del sito, attivare fenomeni di viral marketing, aumentare la link popularity del sito con conseguente miglioramento del posizionamento del sito.

Salvo situazioni particolari, come ad esempio l'invio a conoscenti e partner, l'inserimento di un articolo in un portale o in un circuito di Article-Marketing[97] avviene sempre mediante un CMS, questo sistema consente all'autore di mettere informazioni diverse su sé stesso, in funzione del tema per cui sta scrivendo. L'articolo andrebbe modificato ogni volta che viene segnalato in directory differente, altrimenti, si rischia di non farsi accettare l'articolo dall'editore. Gli articoli, prima di essere pubblicati, sono quasi sempre oggetto di approvazione da parte della redazione. Le redazioni più attente verificano che l'articolo non sia già stato pubblicato. Evitare, quindi, di sottoporre copie di contenuti già pubblicati. Ciò potrebbe portare alla chiusura dell'account. Ogni articolo va controllato dopo la pubblicazione perchè se non viene pubblicato è opportuno che se ne individuino le motivazioni. Ogni articolo, infatti, costa tempo ed attenzione e rappresenta un piccolo investimento. Il controllo è importante almeno per due motivi:

A) l'articolo rifiutato può essere inviato ad un altro sito che potrebbe accettarlo

---

[97] http://liste.giorgiotave.it/article-marketing/

B) per evitare di presentare in futuro un articolo con gli stessi problemi e verderselo rifiutato ancora.

9) Partecipare ai forum di nicchia: i vantaggi di questa partecipazione possono essere molti tra i tanti c'è il fatto di andare alla ricerca di nuovi potenziali lettori della mia nicchia, di costruirsi un profilo significativo in modo da mostrare il nostro valore gli utenti che vorranno sapere di più su chi siamo attraverso la nostra firma, di avere l'opportunità di condividere link relativi a cose che abbiamo scritto. L'importante è sempre quello di portare valore alla discussione, la nostra attività principale non deve essere quella di lasciare link verso il nostro blog, ma di rispondere alle domande ed in generale di essere il più utile possibile per gli altri membri del forum.

6.3. Social media e reti sociali

Di recente si è vista una diminuzione della partecipazione ai Blog, in particolare a quelli di nicchia e molto verticali, cioè quelli che interessano a noi. I Blog sono diventati una vetrina in cui le persone espongono le loro idee e i loro interessi, soprattutto se devono farlo in maniera approfondita. In questo modo innescano una discussione che spesso avviene presso altri luoghi. «[98][...] Il fenomeno è una naturale conseguenza della natura "liquida" della rete. Esattamente come un liquido tende a prendere la forma del suo contenitore, la conversazione tende ad espandersi negli spazi in cui avviene con

---

[98] Luigi Centenaro: Personal Branding con i Social Media pag 34

maggior naturalità.»

La conversazione è scivolata fuori dalla Blogosfera, questi spazi sono i Social Media quali Twitter, YouTube, FriendFeed, Flickr e reti sociali come FaceBook, Google plus e LinkedIn.

Ma se la conversazione si è spostata al di fuori della blogosfera, conviene avviare un sito web con una piattaforma blog ? Non rischieremmo di dedicare tanti sforzi ad un progetto che si rivelerebbe inutile? Illuminante su questo punto, un articolo di Giovanni Boccia Artieri sulle conversazioni attorno alla rinascita dei blog: «[99][...] L'afflusso massificato degli ultimi anni prima su Facebook poi su Twitter mi sembra abbia riportato alla nostra attenzione la necessità di riflettere sulla forma che questo ecosistema dei social media sta assumendo e lo spazio che il blog può avere come luogo in cui fermare il pensiero sottraendolo al flusso e alla necessità dell'essere continuamente newsificato, concedendo ai contenuti un archivio in chiave social che possano resistere al deperimento e alla volatilità di pseudo conversazioni a basso tasso di ricercabilità, come quelle presenti su Facebook o Twitter. [...] ridare vita agli spazi blog in nuovi modi, tutti da sperimentare, relazionati ai flussi dei social network.» «[100][...] L'uso e l'abuso dei social network, per novità, per affezione, per facilità d'uso, per dipendenza da attenzione, vedono oggi un riflusso da parte dei blogger della

---

[99] Giovanni Boccia Artieri - http://mediamondo.wordpress.com/2011/12/30/born-again-conversazioni-attorno-alla-rinascita-dei-blog/

[100] Luca Conti http://mediamondo.wordpress.com/2011/12/30/born-again-conversazioni-attorno-alla-rinascita-dei-blog/

prima ora o di quelli più consapevoli, non perché ci sia un male nell'uso dei social network e un bene nel blog, ma perché il blog mantiene e rafforza la propria identità digitale e la conserva nel tempo. La differenza oggi e il potenziale riflusso verso il blog è determinato da una maggiore consapevolezza, tutto qua. Non vedo contrapposizioni e non vedo i blogger duri e puri come vincitori, anzi! Dal mio punto di vista la vita di cittadino digitale oggi non può prescindere dalla cura e dall'interazione su Facebook e su Twitter, perché quelli sono i luoghi di dibattito pubblici. Arroccarsi sul proprio blog è un po' come restare chiusi in casa con la porta aperta, lasciando entrare gli amici e i passanti, più o meno fedeli, ma la vita online è anche altrove.» «[101][...] Ma la questione centrale è che - secondo me- non c'è vera concorrenza tra i social network e i blog. Fanno lavori diversi e complementari. I social network, per dirla con la Technology Review, «costruiscono un layer di intelligenza distribuita», sono utilissimi per la distribuzione dei contenuti e per l'accesso diffuso in un modello a rete. Ma se hai qualcosa da dire, probabilmente il blog è il posto migliore per farlo. Per una serie di ragioni: è completamente ricercabile, hai totale controllo sul contesto e sul messaggio, eccetera eccetera.» «[102][...] I blog sono l'approdo per chi ha qualcosa da dire e vuole farlo, ma non possiamo pensare che tutti, tutti i giorni abbiano qualcosa da dire. Io vedo abbastanza fisiologico l'assetto che si sta delineando, con i contenuti di

---

[101] Giuseppe Granieri http://www.bookcafe.net/blog/blog.cfm?id=1487

[102] Giuseppe Granieri http://mediamondo.wordpress.com/2011/12/30/born-again-conversazioni-attorno-alla-rinascita-dei-blog/

segnalazione e relazione che si spostano sui social network. [...] Il blog è sempre più un canale editoriale, ma editorale nel senso che ti obbliga a editorializzare il tuo pensiero, a dargli una forma compiuta, a farne una lettura in qualche modo completa. Poi, puoi usarlo per scopi professionali o personali, o di finzione, in un contesto comunque sempre più strutturato rispetto ai social network. [...] Il blog è per i contenuti, per la loro permanenza e ricercabilità. I social network sono l'estemporaneo, l'evenemenziale, la relazione, la distribuzione. [...] L'informazione ora è un fiume che scorre a diverse velocità in differenti punti e quindi non ha più senso cercare il "social network" perfetto che possa racchiudere contemporaneamente conversazione, coinvolgimento, identità, relazioni. Lo strumento blog, quindi, diventa ancora più importante come complemento di questi fattori, a patto di adattarsi.» «[103][...] lo strumento blog resta un campo di gioco formidabile e sarà ancora frequentato da chi ha voglia e idee. E la metadiscussione sui blog di questi giorni ci dice anche che la blogosfera, grande o piccola che sia, può essere anche un grande social network. Molto meglio strutturato e stabile di tanti altri, capace di tirar fili in mezzo al niente, collegando persone che magari non si conoscono: senza che qualcuno li abbia fatti diventare amici o followers.»

---

[103] Massimo Mantellini
http://mediamondo.wordpress.com/2011/12/30/born-again-conversazioni-attorno-alla-rinascita-dei-blog/

6.3.1. Metodi per promuovere il sito nei Social network

I siti quindi non proliferano su isole deserte e la nostra capacità di vivere in maniera sociale all'interno di Internet è un fattore di successo imprescindibile. Non possiamo limitare la nostra presenza al sito, dobbiamo sapere di cosa si parla in giro, commentare e partecipare agli altri blog o social o forum, uscire dalla tana del nostro sito e incontrare altre persone. Dobbiamo sfruttate le piattaforme di social news - Social media che permettono di condividere gratuitamente contenuti, questo ci consentirà di acquisire autorevolezza e conquistare l'attenzione degli utenti. L'interessante schema di Stefano Principato[104], ci aiuta a capire come cambia il processo di acquisto da parte dell'utente e come il nostro sito debba interfacciarsi con i social affinchè possa raggiungere una sostenibilità economica:

---

[104] Stefano Principato : Come usare i social network per promuovere la propria attività: slides seminario a "Fare Turismo" di Roma pag 34

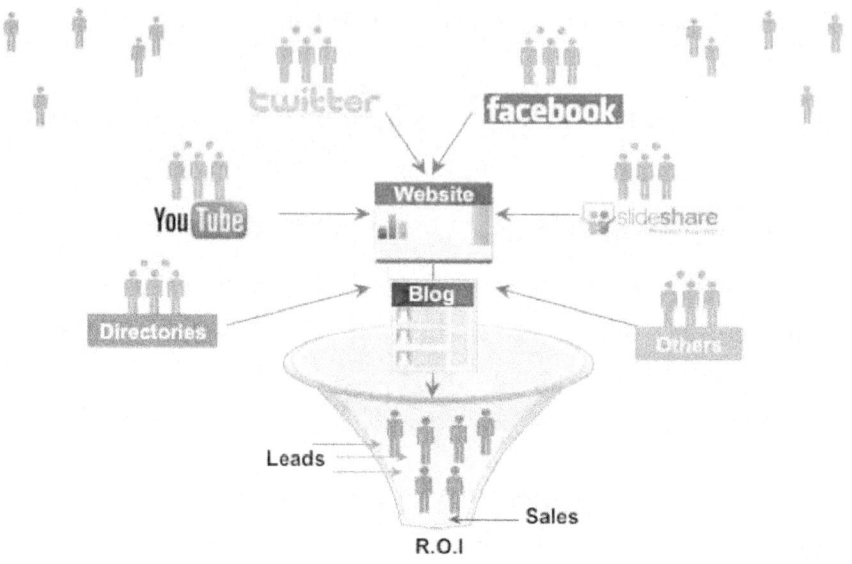

Il social marketing può offrire la concreta opportunità di una relazione diretta con i propri utenti: possiamo imparare dall'ascolto e dall'osservazione, espandere la base dei nostri affezionati, costruire e migliorare la nostra reputazione, creare interesse su prodotti e servizi e ispirare una relazione duratura e fedele.

Bene, ora proviamo ad immaginare il nostro sito come una casa in mezzo al bosco, ora per renderla abitabile, è necessario costruire strade che ci permettano di raggiungere centri abitati (social network) e viceversa che permettano agli abitanti dei centri di raggiungere la nostra casa. Il primo passo allora potrebbe essere quello di costruire degli avamposti. Ogni piattaforma social dovrebbe avere al proprio interno il corrispettivo del nostro sito adeguatamente brandizzato. Per far ciò la prima cosa è quella di identificare le piattaforme social più opportune da attivare e alimentare con contenuti ad hoc. La produzione dei contenuti, sviluppata in base al tipo di piattaforma, dovrebbe tenere conto di contenuti virali ed in generale di materiale facilmente condivisibile. Se ad esempio per arrivare al centro abitato devo attraversare un fiume, alla mia casa sarà necessario un ponte, alla stessa maniera per utilizzare YouTube saranno necessari video da poter inserire nel mio canale personale. All'interno dei social inoltre ci sono figure più in vista di altre, è come frequentare una strada trafficata o deserta della città. Se frequenteremo le strade trafficate, avremo molte più possibilità di attirare persone. E' importante identificare gli gli opinion makers per poterli coinvolgere in iniziative social e definire delle meccaniche social per favorire l'ingaggio e le regole per la gestione della conversazione. Infine con gli strumenti di controllo quali Google Analytics dovremmo operare un analisi periodica della reputazione e del buzz generato online e verificare se corrisponde agli obiettivi prefissati. Una sorta di manutenzione stradale tra la nostra casa e i centri cittadini. Uno schema di interazione potrebbe essere il suguente:

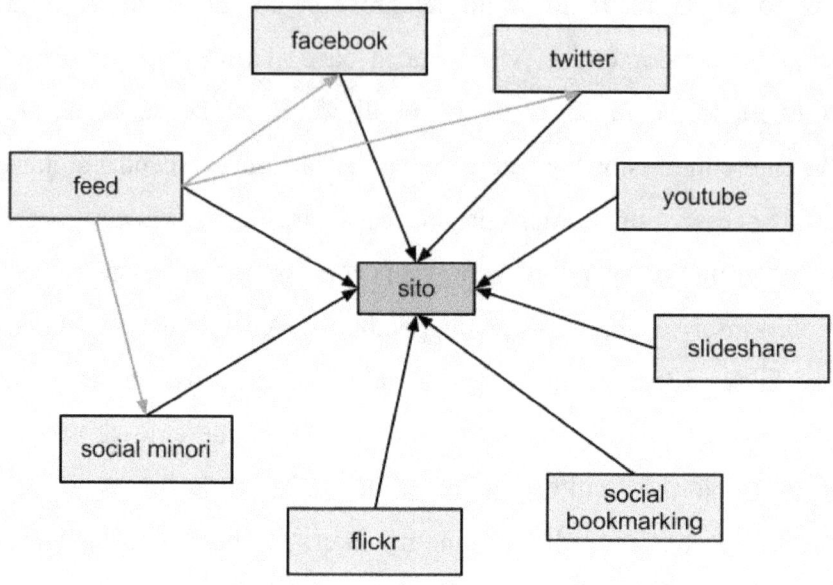

Generalmente la maggior parte delle architetture social prevede al centro delle nostre attività il sito web che è il destinatario primario della produzione dei conteuti e delle conversioni economiche. Attorno ad esso ci sono tutti gli avamposti sociali che ciascuno per il proprio contenuto contribuisce a portare al centro i contatti.

Lo schema proposto da Marketing Sherpa[105], mi sembra molto chiaro in proposito. Al centro della nostra attività vi è il sito web o blog, attorno ad esso i social con contenuti sviluppati sulla base delle caratteristiche proprie di ognuno di essi. Gli utenti che apprezzano il nostro sito vorranno condividerlo con amici e contatti e vorranno farlo attraverso i social media.

---

[105] MarketingSherpa's: Social marketing road map handbook pag. 123

143

Vediamo ad esempio come vengono implementati i social in questo sito:

Nella home page vi è uno spazio ad hoc dove l'utente può decidere in quale modo connettersi "socialmente" al sito.

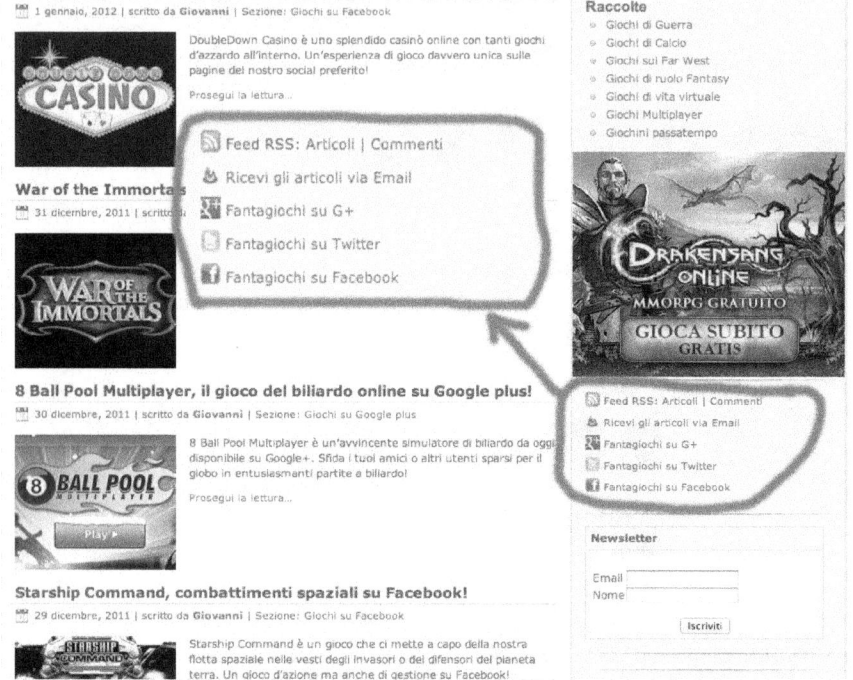

Una volta scelto il canale preferenziale, può accedere ai vari contenuti Facebook, Twitter, G+.

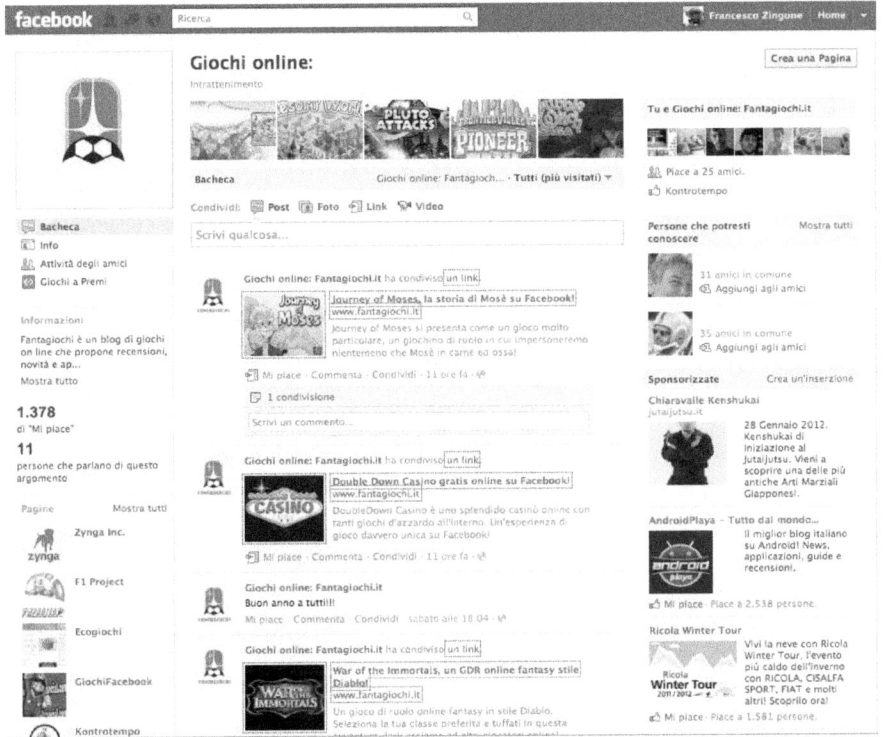

Facebook: si crea un profilo pubblico (pagina fan). Le persone che si iscrivono al nostro profilo pubblico sono "fan" a cui piace il nostro blog, gli argomenti di cui parliamo, e vogliono continuare a seguirci. Attenzione a non confondere i profili personali con il profilo pubblico, il limite per gli amici nel profilo personale è di 5.000, i profili pubblici non hanno limiti di fan. La pagina fan la possiamo utilizzare per promuovere i nostri articoli, immagini, video ecc. e qualsiasi contenuto a tema con il nostro blog che riteniamo possa interessare a chi ci segue. Il Facebook Like Box consente di mostrare gli utenti Facebook che sono fan della nostra pagina, è consigliato inserirlo nella sidebar. Se loggati a Facebook gli utenti del sito visualizzano i volti dei loro amici già fan della nostra pagina (riprova sociale).

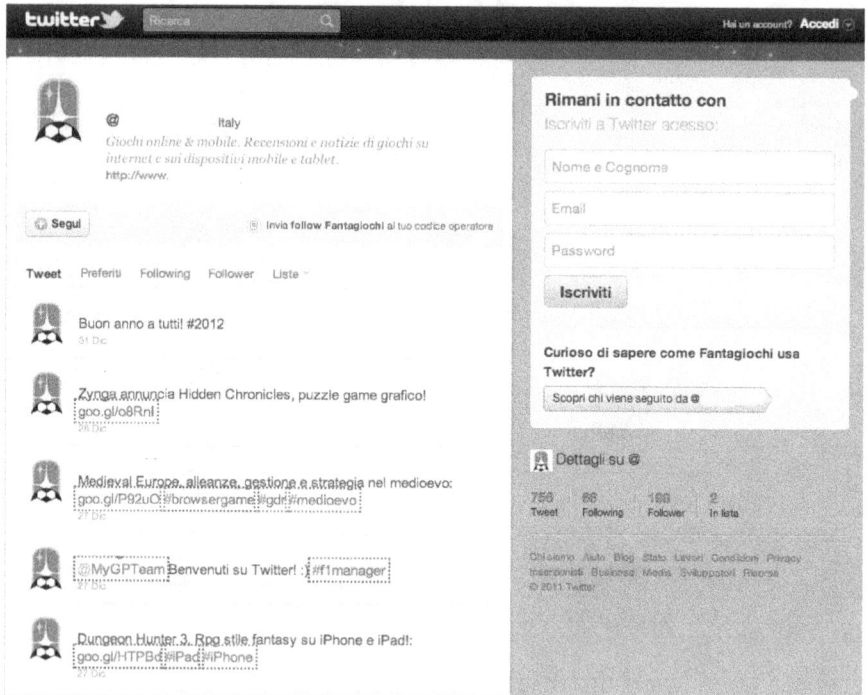

Twitter: consente di condividere "micropost" di massimo 140 caratteri ai vostri contatti (follower). È importante per comunicare con i propri follower e indirettamente per aumentare la propria visibilità sui motori di ricerca[106]. Il Twitter Follow Button consente agli utenti loggati in Twitter di seguire un profilo semplicemente cliccando su di esso, molto simile al "Mi Piace" di Facebook. Twitter è un ottimo strumento che le persone utilizzano per condividere articoli che trovano interessanti, esistono numerosi

---

[106] http://www.seomoz.org/blog/tweets-effect-rankings-unexpected-case-study

146

plugin che consentono di integrare Twitter in WordPress[107].

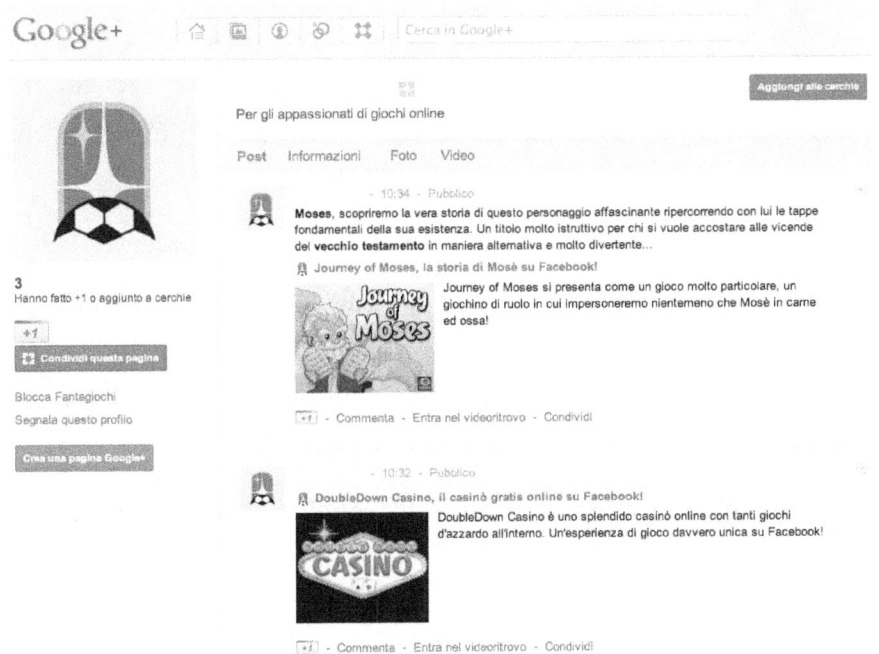

Google +1[108]: il pulsante + 1 è un modo per dire "questo è veramente interessante" oppure "te lo consiglio, provalo". Con il pulsante +1 gli utenti possono condividere i loro consigli con amici, contatti e con gli altri utenti del Web nei momenti di maggiore utilità, vale a dire in ricerca Google. Quindi l'utilizzo del bottone ha un impatto nei risultati delle ricerche. In alternativa, se gli utenti vogliono iniziare subito una conversazione, possono scegliere con facilità la cerchia che troverà i suoi consigli interessanti e pubblicarli su Google+.

[107] Twitter Goodies: http://wordpress.org/extend/plugins/twitter-goodies/
[108] http://www.google.com/intl/it/+1/button/

Anche per il Google +1 esistono diversi plugin[109].

I benefici derivanti dall'utilizzo delle piattaforme social, a condizione che i contenuti proposti siano di qualità, unici e interessanti, potrebbero essere i seguenti:

1) Aumento del traffico in entrata: I visitatori a seconda delle differenti nicchie potrebbero essere tanti e molto targhetizzati. Inoltre abbiamo visto come i social possano aiutare a migliorare il posizionamento sui motori di ricerca con conseguente aumento delle visite.

2) Incremento naturale dei link in entrata: quando un utente condivide i nostri contenuti citandoci come fonte mette in moto il meccanismo di collegamenti naturali di alta qualità.

3) Branding: qualora il sito sia ritenuto fonte valida, il brand può diffondersi velocemente e aumentare il proprio valore.

4) Aumento delle conversioni: se nella conversazione social, si parla bene del nostro lavoro, la nostra autorevolazza aumenterà notevolmente ed a cascata anche le conversioni.

5) Portabilità: gli account creati per i social media sono già ottimizzati per i dispositivi mobili. Anche se non abbiamo predisposto il sito per le periferiche mobili, attraverso i nostri profili social potremmo comunque raggiungere gli utenti che utilizzano smartphone.

6) Si può promuovere il proprio lavoro gratuitamente.

---

[109] http://wordpress.org/extend/plugins/google-plus-one-google1/

6.4. Fidelizzare gli utenti

Fidelizzare i lettori è importante quanto fidelizzare i clienti, ci sono lettori che visitano il nostro blog tutti i giorni ed altri che ci capitano sporadicamente, l'obiettivo è quello di fare in modo che tutti ritornino a leggere i nuovi articoli. Ci sono diverse cose che potremmo fare per fare affezionare gli utenti al nostro sito:

1) Scrivere Regolarmente: scrivere in maniera regolare meglio se quotidiana, è indispensabile per fidelizzare i propri lettori. Se pubblichiamo quotidianamente i nostri articoli, la lettura da parte dei nostri utenti può diventare un'attività quotidiana perchè gli utenti sanno che tutti i giorni troveranno nuovi contenuti che possono interessarli.

2) Utilizzare una newsletter: fornire ai visitari del nostro sito la possibilità di registrarsi alla newsletter tramite un apposito form di iscrizione da inserire nella sidebar è uno strumento importante per instaurare un rapporto "esclusivo" con loro. Avere l'email dei nostri lettori ci consente di contattarli periodicamente per informarli di nuovi articoli, iniziative, sconti, prodotti, fare sondaggi ecc.

Bisogna spingere costantemente l'iscrizione alla propria newsletter, perché questo ci consentirà di avere una lista di utenti fortemente targhetizzata, cioè interessata all'argomento che trattiamo nel sito.

Per aumentare gli iscritti potremmo usare le seguenti tattiche:

A) Regalare un omaggio: regalare un prodotto digitale creato da noi come un ebook, (immediatamente consegnabile via mail) a chi si iscrive volontariamente alla nostra newsletter.

B) Priorità: se abbiamo dei contenuti o delle novità in arrivo possiamo comunicarlo ai nostri utenti in modo di fargli lasciare la propria email per essere avvisati subito al lancio del nuovo contenuto.

C) Squeeze Page: le "pagine spremi nomi", dove l'unica azione disponibile per l'utente è l'iscrizione ad una lista. Queste pagine si usano di solito per accedere a delle informazioni riservate o a delle offerte o ancora a del materiale gratuito liberamente scaricabile.

Una volta che avremo un bel database di indirizzi email targhetizzati, non dovremo fare altro che applicarci strategie che consistono nell'inviare email promozionali ed informative, per tenere vivo l'interesse sul nostro sito oltre che a proporre delle offerte promozionali esclusive agli iscritti. Queste email non dovranno puntare esclusivamente a vendere qualcosa, dovremo sostenere delle iniziative interessanti e collaborative, magari comunicando semplicemente con gli utenti chiedendo un loro parere, o ancora fargli presente una recensione su un nuovo interessante prodotto. Prima la qualità, poi la vendita.

I vantaggi di questa strategia sono tanti:

A) Avere un database di persone interessate ai nostri prodotti o servizi.

B) Gestire gli utenti in modo affinché restino fedeli evitando e smontando la concorrenza agguerrita. I vecchi utenti saranno aggiornati sulle novità dei loro interessi, quindi quando avranno un problema, sapranno a chi rivolgersi.

C) Inviare email ad una lista senza costi pubblicitari.

Ma come gestire questa mole di indirizzi email?

Il problema principale è che probabilmente quando invieremo delle email promozionali o informative alla nostra lista di iscritti, questi non potranno leggerla perché giungerà direttamente nella loro cartella di posta indesiderata (spam). La soluzione migliore è rivolgersi a servizi esterni professionali che non ci faranno correre il rischio di finire nella cartella di posta indesiderata. Io utilizzo Mailup[110] ma ce ne sono molti, altrattando validi che possono supportarci in questo servizio.

3) Coinvolgere gli utenti: scrivere contenuti originali ed interessanti, fornire valore, citare altre risorse autorevoli, essere utile, fornire soluzioni a problemi, inserire delle "call to action" per incentivare i commenti, rispondere alle mail e rispondere ad eventuali commenti che gli utenti ci hanno lasciato negli articoli. Se l'utente che ci ha lasciato un commento, ha un suo sito web, allora lasciare a nostra volta un commento sul suo blog può essere utile per fidelizzarlo, inoltre se un utente ci lascia un commento particolarmente perspicace o dimostra che sa di cosa sta parlando, potremmo chiedergli di ampliare il commento con un guest post sul nostro blog.

---

[110] http://www.mailup.it/p/pc/Homepage-d40.htm

Questo, oltre a coinvolgerlo, può portare aria fresca al nostro sito dandoci slancio.

4) Utilizzare una grafica professionale: il contenuto è molto importante, ma la prima cosa che i gli utenti vedono è la grafica, basta una frazione di secondo affinchè il visitatore abbia l'impressione di trovarsi su un blog professionale o meno. Se ci presentiamo in maniera non professionale, pur fornendo contenuti di valore, faremo fatica a costruirci una credibilità.

5) Realizzare dei report gratuiti: regalare un report gratuito, utile e di valore ai lettori ha diversi vantaggi: consente di raccogliere l'indirizzo email del lettore per ricontattarlo, permette all'utente di conoscerci meglio ed aumenta il suo livello di fiducia nei nostri confronti, infine consente di instaurare una relazione, basta chiedere sempre un feedback su quello che regaliamo.

6) Creare dei sondaggi: i sondaggi servono ad incoraggiare la discussione e l'interazione tra i nostri lettori, occorre fare sondaggi su argomenti a tema del nostro sito che veramente interessino i lettori. Ci sono vari plugin[111] adatti a wordpress.

7) Feed RSS: grazie ai Feed RSS i lettori possono seguire i nostri aggiornamenti senza dover visitare il sito periodicamente per scoprire se sono stati pubblicati nuovi post. Far iscrivere i lettori al nostro Feed è un ottimo modo per fidelizzarli, infatti chi si iscrive ai nostri Feed probabilmente lo fa perchè è molto interessato a quello che scriviamo. E' importante inserire la classica icona dei Feed RSS

---

[111] http://wordpress.org/extend/plugins/wp-polls/

ben visibile sul nostro sito.

8) Social network: i social network quali Facebook e Twitter rappresentano degli ottimi strumenti per fidelizzare gli utenti ed avere la possibilità di entrare in contatto con loro. Link al profilo Twitter e Facebook si possono inserire in alto nella sidebar, e in coda ad ogni articolo. Facebook Comments[112], un plugin di Facebook che consente di commentare i contenuti di un sito web, può darci notevoli vantaggi in fatto di comodità, rapidità di connessione, rilevanza sociale (commenti di migliore qualità, amici, più like) e di condivisione con gli amici (il commento può comparire nel news feed degli amici se si lascia spuntata l'opzione "Pubblica su Facebook"). Un approccio interessante è quello di [OBJ]Disqus[113]: un servizio che permette agli utenti di commentare utilizzando il proprio account Facebook, Twitter, Disqus, OpenId, Yahoo!, in maniera anonima ecc. I lettori possono usare un solo account per commentare i blog, tenendo quindi traccia delle loro statistiche e dei loro commenti.

9) Utilizzare i video: con un video si può esprimere al meglio la propria personalità, consente di "metterci la faccia" entrando in sintonia con i lettori che imparano a conoscerci e magari fidarsi come se ci conoscessero "di persona".

---

[112] http://developers.facebook.com/docs/reference/plugins/comments/
[113] http://disqus.com/

6.4.1. Il problema dei lettori passivi

Con la lista di cose da fare elencata precedentemente sembrerebbe facile incoraggiare i lettori ad interagire e fidelizzarsi, nella realtà non è proprio così. Sul campo ci si scontra con il fatto che i lettori sono per la maggior parte passivi. Guardando le statistiche del sito potremmo presto accorgerci che probabilmente meno dell'1% scrive commenti, mentre il 99%, quando va bene, si limita a leggerne i contenuti.

A seconda del tipo di progetto dovremmo cercare di compiere delle azioni "call to action" al fine di rendere più attivi i nostri lettori. Costruire una cultura di azione, è uno degli aspetti che a mio parere vanno concepiti quando si creano i contenuti e la forma del sito. All'inizio di un progetto, è normale non avere commenti o voti nei sondaggi; tuttavia, nel tempo è possibile costruire un sito che preveda una certa attività da parte del lettore. Ad esempio potremmo postare ogni tanto qualcosa di leggero e divertente, questo implicherebbe un'attività di minimo impegno da parte dell'utente, un "mi piace" su un'immagine buffa è molto più semplice da ottenere rispetto ad un commento dettagliato su un post che parla di regolamenti giuridici. I sondaggi come già specificato, possono risvegliare dal letargo gli utenti, specie se fatti su tematiche di attualità e molto pertinenti alla nostra nicchia; sono anonimi e noi potremmo essere i primi a rispondere, così come potremmo chiedere a nostri amici di farlo. Possiamo anche porre delle domande alla fine dei nostri post, certo, può darsi che nessuno risponderà alla domanda, ma se si costruirà bene il post, la domanda avrebbe comunque un valore aggiunto, indipendentemente dalle riposte che si riceverebbero. Ricordiamoci che sono una percentuale molto bassa quelli che rispondono, la mancanza di tali feedback, non significa affatto che nessuno stia leggendo il nostro articolo. Le domande possono far crescere il nostro sito: con esse offriamo ai lettori un senso di comunità e partecipazione, stimolando il loro ritorno; ci aiutano a valutare l'interesse dei nostri lettori verso determinati argomenti, possono alimentare nuove idee, incrementano la visibilità incidendo sul posizionamento e coadiuvano nel generare backlink.

7. Il piano economico

Il piano di economico è una delle fasi più importanti e delicate di qualunque progetto web. Quando si parla di gestione economica, ci si riferisce al meccanismo dei costi e dei ricavi di esercizio. I ricavi di esercizio sono la risultante dell'attività di vendita del prodotto o servizio; i costi sono quelli che dobbiamo sostenere per produrre ciò che vendiamo. A cosa serve il Conto Economico? Serve a verificare che sia rispettata questa semplicissima relazione:

Ricavi – Costi = Reddito di Esercizio

Il reddito di esercizio, è la differenza tra ricavi e costi, e può assumere una doppia veste: o è un utile di esercizio (quando i ricavi sono maggiori dei costi), oppure è una perdita (quando i ricavi sono minori dei costi). A cosa serve sapere tutto questo? Serve a calcolare i costi generati dall'iniziativa e i ricavi attesi dalla vendita del prodotto/servizio. Inutile specificare che se i ricavi sono inferiori ai costi, l'iniziativa non è economicamente conveniente.

7.1. Definizione del budget

«[…][114] Quando determiniamo il budget dovremmo farlo in seguito all'analisi dello scenario, alla definizione di obiettivi e target, alla scelta degli strumenti necessari per raggiungerli, alla individuazione

---

[114] Alessandro Venturi, Giuseppe Covino: Web Marketing per le PMI
pag. 54

degli strumenti di misura».

Da quanto sostenuto fino ad ora, dovrebbe risultare evidente l'importanza strategica di servirsi di un piano che permetta di gestire il budget a supporto delle azioni di web marketing pianificate, di correggere tali azioni anche quotidianamente e di verificare in tempo reale il ritorno d'investimento. Con l'immediatezza del web e delle sua analisi in tempo reale oltretutto potremmo ripartire il bilancio annuale in modo flessibile durante i mesi di esercizio, assecondando qualsiasi scenario che non poteva essere messo in preventivo.

Dal piano operativo si traggono le voci di costo direttamente collegate alle attività previste, si aggiungono costi fissi, consulenze, attività esterne, stipendi di collaboratori, costi d'esercizio e via dicendo. Nel nostro caso il tutto è molto semplificato perchè la maggior parte di quelli che potrebbero essere costi vivi, viene svolta dal nostro lavoro:

TABELLA PREVISIONALE DEI COSTI

Periodo	2011	2012
Dominio - hosting - traffico	€ 50,00	€ 50,00
Connessione adsl	€ 25,00 x 12 = € 300,00	€ 25,00 x 12 = € 300,00
Computer[115]	€ 350,00	€ 0,00
Contabilità[116]	€ 240,00 (Predisposizione mod. F24 compreso). Modello Unico: € 100,00	€ 240,00 (Predisposizione mod. F24 compreso). Modello Unico: € 100,00
Affitto	€ 0,00 (lavoro da casa)	€ 0,00 (lavoro da casa)
Articolista	€ (5,00 x 10) x 12 = 600,00	€ (5,00 x 10) x 12 = 600,00
Logo[117]	€ 200,00	€ 0,00
Template[118]	€ 25,00	€ 0,00
TOTALE	€ 1.865,00	€ 1.290,00

Il piano economico confronta tali costi con le ipotesi di ricavo, articolate per voci, in modo da fornire una stima del ROI (Return on Investment). I ricavi vanno motivati con analisi di mercato, interviste e altre indicazioni che possano giustificarne le stime.

---

[115] http://www.dell.com/it/p/desktops?~ck=mn

[116] http://www.commercialistaonline.biz/listino-prezzi/ : I prezzi minimi indicati si intendono i contribuenti che hanno un numero di fatture acquisti/ vendite limitata (circa 60/80 documenti annui)

[117] http://www.12designer.com/it/

[118] http://market.studiopress.com/themes

7.2. Start-up di prodotti web

Lo schema seguente tratto da una presentazione di Dave McClure[119], rielaborata da Luca Lani[120], rappresenta le principali metriche da tenere sotto controllo per il successo di una start-up : Acquisizione, Attivazione, Fidelizzazione, Viralità (referral), Revenues. Queste grandezze, ampiamente trattare nei precedenti capitoli vengono qui riepilogate nello schema al fine di introdurre l'unica tra esse che deve ancora essere analizzata: la Revenues.

«[…][121] Lo schema parte dalla acquisizione del traffico che avviene con svariati strumenti. Il traffico arriva in landing pages che possono essere specifiche, oppure in home page o in pagine foglia. Qui subentra l'attivazione: ovvero una quota di utenti lascia il nostro sito mentre la parte restante continua a navigare e viene "catturata" dal sito. Successivamente c'è da gestire la fidelizzazione, ovvero trovare dei modi per far sì che l'utente torni e torni più volte. Il referral sono poi gli strumenti messi in pratica per far si che gli utenti automaticamente si attivino per portare nel sito amici e conoscenti. Infine, questa massa di utenti attivi deve tradursi, in fondo allo schema, in ricavi, che potranno derivare da vari strumenti.»

---

[119] http://www.slideshare.net/dmc500hats/startup-metrics-for-pirates-sf-jan-2010

[120] http://www.lucalani.com/charts/le-5-metriche-start-up

[121] http://www.lucalani.com/charts/le-5-metriche-start-up

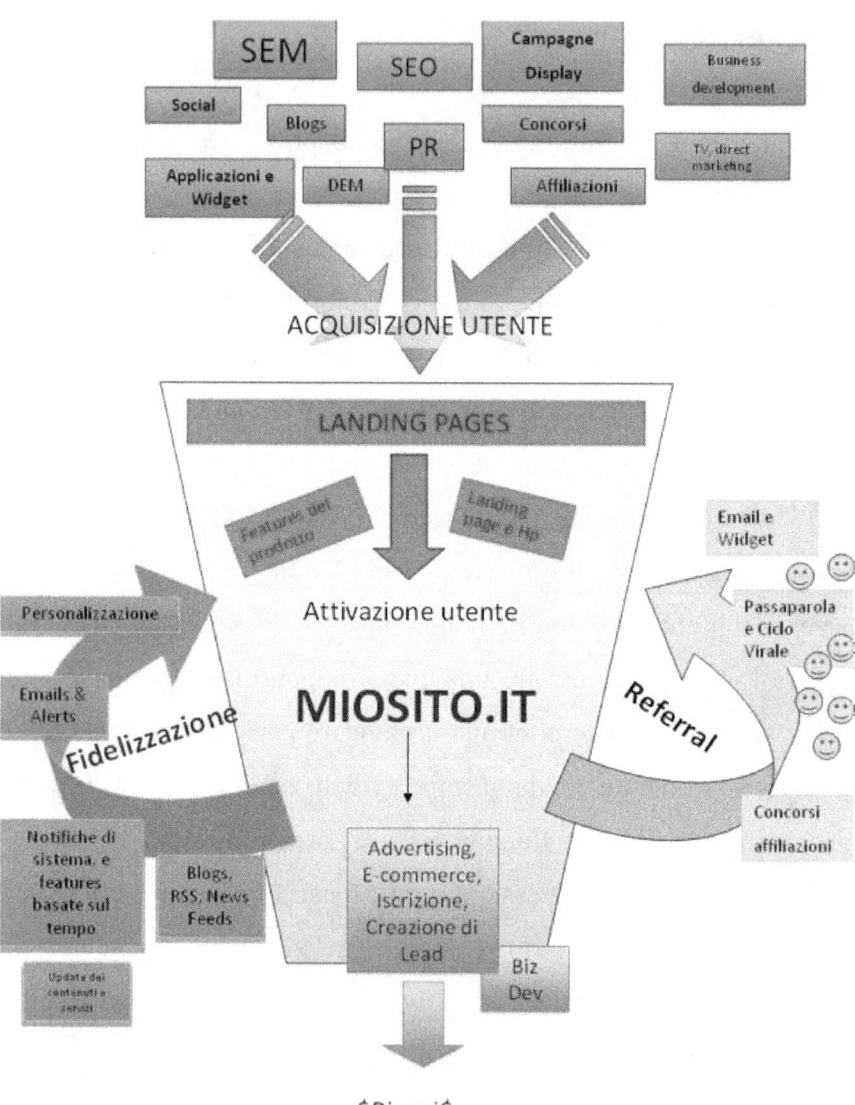

7.3. Fonti di ricavo

Le fonti di ricavo potremmo distinguerle tra

1) Dirette, come la vendita di spazi pubblicitari o di beni digitali come ad esempio e-book, realizzati da noi sulla base delle nostre competenze, rimanendo quindi sempre fermi al proposito di sostenibilità economica data dalla conoscenza.

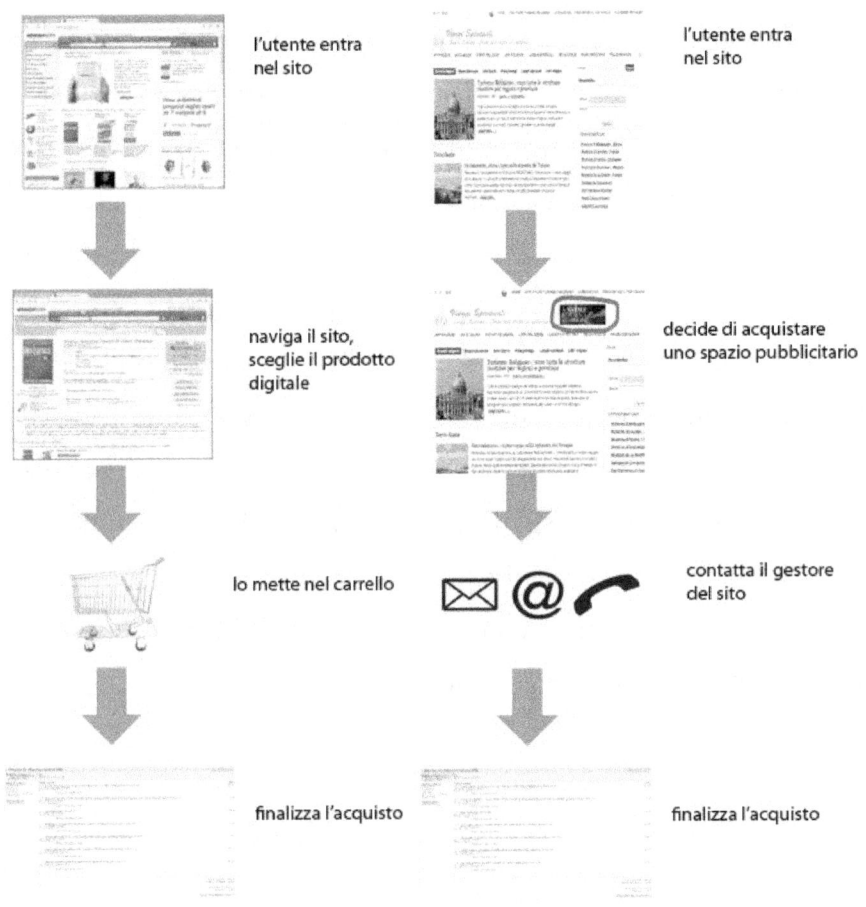

l'utente entra nel sito

naviga il sito, sceglie il prodotto digitale

lo mette nel carrello

finalizza l'acquisto

l'utente entra nel sito

decide di acquistare uno spazio pubblicitario

contatta il gestore del sito

finalizza l'acquisto

2) Indirette:

A) Adsense, il servizio pubblicitario offerto da Google. Con AdSense è possibile pubblicare annunci pubblicitari sul proprio sito web, guadagnando in base al numero di click sugli annunci. Il servizio è collegato con AdWords, ed è in grado di gestire gli annunci degli inserzionisti adattandoli al contenuto della pagina web in base alla pertinenza.

B) Affiliazioni: possono essere Pay Per Impression - PPI (il ricavo dipende dal numero di esposizioni dei banner dell'inserzionista nel nostro sito. Si definisce in termini di CPM cioè costo di 1.000 esposizioni. Esempio: se un'azienda paga € 5,00 CPM, significa che si possono guadagnare € 5,00 ogni mille esposizioni del suo banner nel nostro sito indipendentemente dal numero di click fatto dagli utenti su tale banner), Pay Per Lead - PPL (il ricavo dipende dalle azioni che fanno gli utenti del nostro sito verso un sito di terzi. Ad esempio verremo remunerati se un utente si registra ad un servizio dell'inserzionista attraverso il nostro sito), Pay Per Sale - PPS (il ricavo dipende dagli acquisti che fanno gli utenti del nostro sito su un sito di terzi. Verremo remunerati se l'utente acquista un prodotto dell'inserzionista attraverso il nostro sito).

AD IMPRESSIONS

AFFILIATE

ADSENSE

7.4. Stimare i ricavi dalla pubblicità

Per prima cosa potremmo valutare la stima di crescita attesa del mercato per usarla come base[122]di partenza (meglio se abbiamo anche dati specifici sul settore della nostra nicchia), poi potremmo stimare le impression disponibili dell'anno venturo mettendole in relazione con Adsense e programmi di affiliazione. Il concetto è basarsi sulla disponibilità di potenziali impression ricavate da visite che dipendono dalle azioni che mettiamo in atto per la riuscita del nostro progetto. Se si stima la crescita usando delle semplici percentuali, potremmo trovarci con obiettivi bucati perchè

---

[122]http://www.iab.it/news/il-digitale-ha-raggiunto-la-fase-della-maturit-e-si-prepara-ad-una-evoluzione.html

materialmente non ci sono le impression. Questo tipo di analisi permette di tenere sotto controllo i principali fattori di guadagno: se buco l'obiettivo è perchè ho un CTR basso? perchè ho poche impression? perchè ho un CPC troppo basso? etc. etc.

Nel momento di avvio è difficile prevedere con precisione le impression, ma potendole calcolare sin dai primi giorni, potremmo costantemente apporre correttivi per guidare nella giusta direzione il progetto.

Per poter stimare le impression dobbiamo stimare la quantità di traffico che giungerà al sito web. Innanzi tutto dovremmo considerare che il traffico giungerà da differenti sorgenti, vediamone qualche esempio:

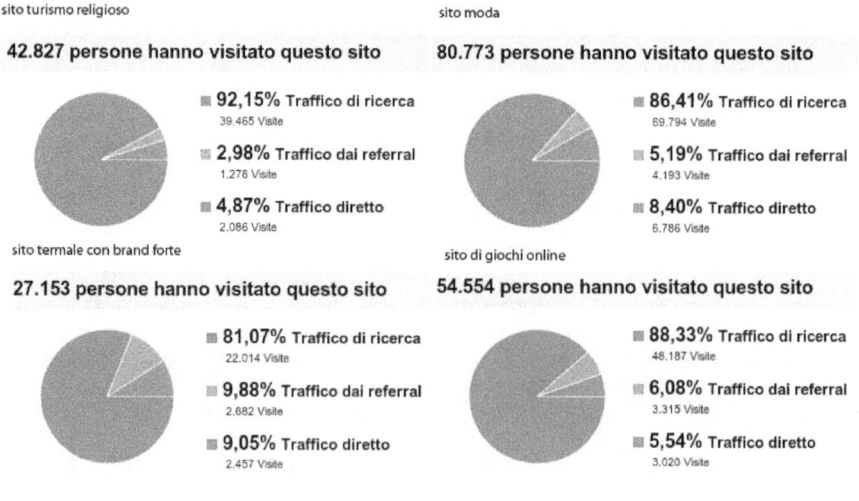

sito turismo religioso

42.827 persone hanno visitato questo sito

- **92,15% Traffico di ricerca**
  39.465 Visite
- **2,98% Traffico dai referral**
  1.276 Visite
- **4,87% Traffico diretto**
  2.086 Visite

sito moda

80.773 persone hanno visitato questo sito

- **86,41% Traffico di ricerca**
  69.794 Visite
- **5,19% Traffico dai referral**
  4.193 Visite
- **8,40% Traffico diretto**
  6.786 Visite

sito termale con brand forte

27.153 persone hanno visitato questo sito

- **81,07% Traffico di ricerca**
  22.014 Visite
- **9,88% Traffico dai referral**
  2.682 Visite
- **9,05% Traffico diretto**
  2.457 Visite

sito di giochi online

54.554 persone hanno visitato questo sito

- **88,33% Traffico di ricerca**
  48.187 Visite
- **6,08% Traffico dai referral**
  3.315 Visite
- **5,54% Traffico diretto**
  3.020 Visite

Ovviamente può differire molto dai singoli progetti ma valutando anche altre fonti[123], possiamo stimare che l'incidenza dei motori di ricerca (Google) per un nuovo sito sia almeno per l'80% del traffico generato. Vediamo allora come stimare il traffico proveniente dai motori a cui andremo ad aggiungere una proporzione del 20% proveniente da altre sorgenti.

Seguendo la tabella dei costi ipotizzo di realizzare in un anno 290 articoli, di cui 50 articoli "pilastro" preparati prima della messa on line del sito, 120 da scrivere durante l'anno per un totale di circa 10 al mese e 120 dell'articolista.

secondo lo schema seguente :

n° articoli

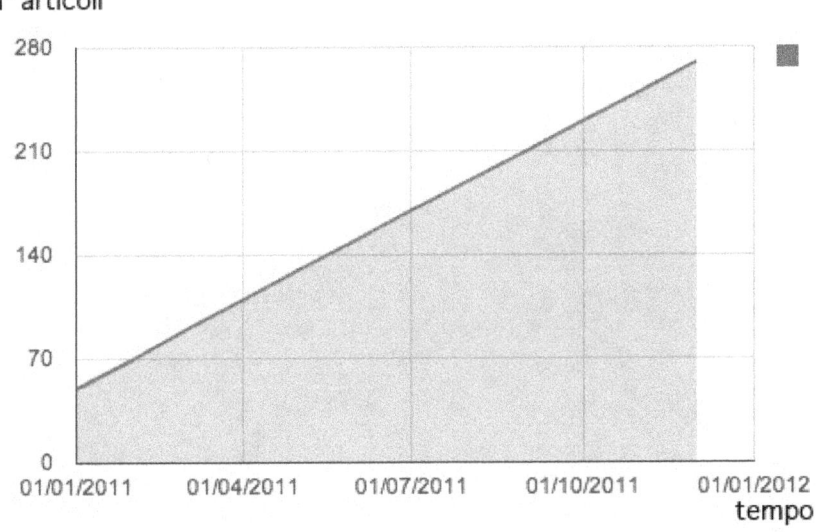

[123] http://www.giorgiotave.it/forum/amministratori-di-blog/144606-percentuali-sorgenti-di-traffico-per-il-tuo-blog-3.html

Con il tool delle parole chiave di Google Adwords verifico il traffico inerente le parole chiavi utili alla mia nicchia prendendo in considerazione le 290 "chiavi secche" dei miei articoli (la chiave principale inerente il mio articolo) e vedo ad esempio che generano un traffico complessivo di 500.000 ricerche mensili localizzate in Italia. A questo punto devo stimare quanto traffico potrò generare dalle chiavi del mio sito.

Sappiamo che le ricerche provenienti dalle chiavi principali rappresentano circa un 30% delle visite che possono giungere al sito, perchè il restante 70 % giungerà da ricerche effettuate da chiavi di longtail come anche evidenziato da questo lavoro di Rand Fischkin[124]

---

[124] Seomoz: The Art of Seo - The search engine landscape 2010 pag 16

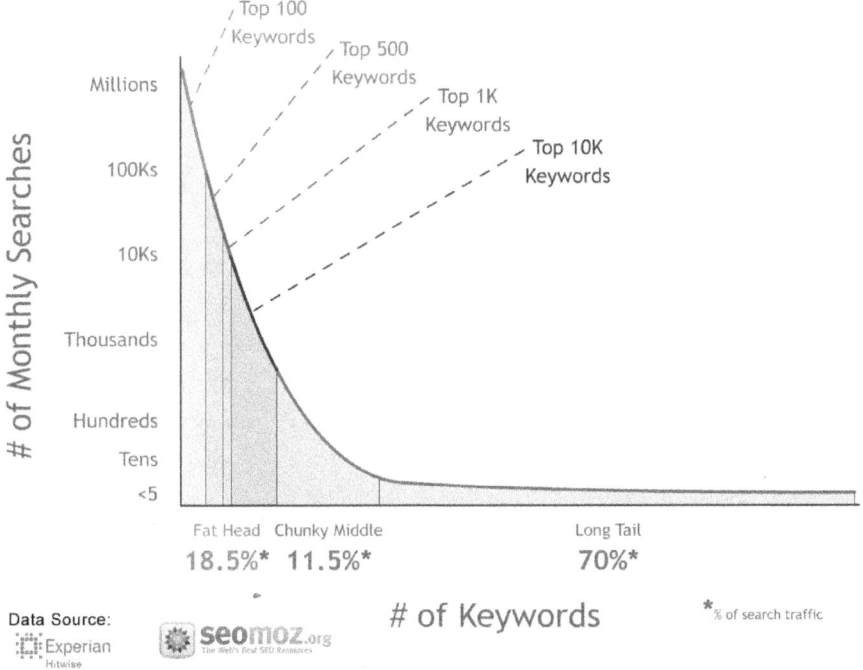

The Search Demand Curve

Quindi se ipotizziamo 500.000 ricerche per le chiavi principali, possiamo trarre il valore delle ricerche da longtail:

500.000:30=X:70 -------> 1.166.666

Da questa cifra, secondo uno studio condotto da Slingshot SEO su 170.000 utenti utilizzando 624 chiavi non brandizzate dal gennaio all'agosto 2011, risulta che **la media** del click-through associato alle chiavi di longtail stabilmente presenti nelle prime 10 posizioni delle serp risulta essere del 2.75%

GOOGLE SERP POSITION	# OF KEYWORD PHRASES	LONG-TAIL GOOGLE CTR STUDY
# 1	43	5.80%
# 2	32	3.19%
# 3	31	2.43%
# 4	34	4.58%
# 5	33	1.17%
# 6	30	1.49%
# 7	31	1.82%
# 8	30	2.27%
# 9	30	1.68%
# 10	30	3.46%

da ciò possiamo dedurre che l'impatto della longtail sulle mie visite sarà il 2.75% di 1.166.666 cioè 29.166 visite al mese.

Rapportando questo numero di visite con il numero di visite provenienti dal 30% rappresentato dalla chiavi principali, posso dedurre che da esse arriveranno all'incirca le seguenti visite:

29.166:70=X:30 -------> 12.500

Le 12.500 visite delle chiavi principali potranno arrivare da vari e ipotetici posizionamenti. Ad esempio, da un'analisi condotta nel maggio 2010 dalla società Chitika[125] Inc. su un campione di 8.253.240 impressions nelle SERP di Google da parte di siti del proprio network risulta che i valori dei click-through rate sono i

---

[125] Chitika is a data analytics company in the business of on-line advertising http://insights.chitika.com/2010/the-value-of-google-result-positioning

seguenti:

Google Result	Impressions	Percentage	Chitika
1	2,834,806	34.35%	
2	1,399,502	16.96%	
3	942,706	11.42%	
4	638,106	7.73%	
5	510,721	6.19%	
6	416,887	5.05%	
7	331,500	4.02%	
8	286,118	3.47%	
9	235,197	2.85%	
10	223,320	2.71%	
11	91,978	1.11%	
12	69,778	0.85%	
13	57,952	0.70%	
14	46,822	0.57%	
15	39,635	0.48%	
16	32,168	0.39%	
17	26,933	0.33%	
18	23,131	0.28%	
19	22,027	0.27%	
20	23,953	0.29%	

Numbers are based on a sample of 8,253,240 impressions across the Chitika advertising network in May, 2010.

Questo può esserci utile per realizzare uno schema che può illustrarci meglio che tipo di risultati sono necessari per la sostenibilità del progetto: per prima cosa semplifico il calcolo adottando un "numero medio" che possa rappresentare la mia base potenziale di visitatori. Esso corrisponde al numero delle ricerche complessive inerenti le mie chiavi diviso il numero delle chiavi stesse: 500.000/290= circa 1.724

Ipotizzo poi un numero di posizionamenti dei miei 290 articoli, ovviamente considerando i primi posti più difficili da raggiungere e li relaziono con le percentuali di click-through secondo la tabella precedente:

Google Result	Percentage	n° posiz.	n° base	visite
1	34.35%	5	1.724	2.960
2	16.96%	7	1.724	2.046
3	11.42%	8	1.724	1.575
4	7.73%	7	1.724	932
5	6.19%	8	1.724	852
6	5.05%	8	1.724	696
7	4.02%	10	1.724	692
8	3.47%	8	1.724	478
9	2.85%	10	1.724	490
10	2.71%	10	1.724	362
> 11	1.00%	209	1.724	3.603
totale		290		14.686

Da questo schema semplificato posso considerare che se raggiungo i predetti posizionamenti sarò in linea con quanto previsto dal tipo di traffico potenziale delle mia nicchia sulla base delle parole chiave derivate dai miei 290 articoli. Oltretutto grazie a questo schema potrò confrontare i posizionamenti ottenuti con quelli previsti e valutare immediatamente le azioni da attuare affinchè possa raggiungere i posizonamenti desiderati.

Tornando al calcolo principale, vedo che le visite potenziali provenienti da Google considerando 290 articoli che generano un interesse di ricerca di 500.000 visite mensili corrisponde al numero di 41.389 (29.166 + 12.223). A questo occorre aggiungere un 20% proveniente dalle altre sorgenti come precedentemente stimato (41.389:80=x:20 ----> 10.347), raggiungendo così un totale di 51.736. Riassumendo 51.736 corrisponde al numero delle visite potenziali creando 290 articoli che interessano la ricerca di 500.000 unità mensili.

Le impression sono generalmente un numero maggiore perchè spesso l'utente non visita solo una pagina. Lo studio effettuato da ComScore[126] sulle abitudini degli utenti italiani evidenzia che il navigatore italiano mediamente legge 1,688 pagine a visita.

Overview of European Internet Usage by Country Ranked by Total Unique Visitors (000) March 2011 Total Europe Audience, Age 15+, Home and Work Locations Source: comScore Media Metrix			
Location	Total Unique Visitors (000)	Average Hours per Visitor	Average Pages per Visitor
World-Wide	1,350,539	23.1	2,094
Europe	363,697	26.0	2,678
Germany	49,729	23.4	2,643
Russian Federation	47,417	22.8	2,532
France	42,251	27.5	2,644
United Kingdom	36,244	33.0	2,953
Italy	22,981	17.9	1,688

---

[126] http://www.comscore.com/Press_Events/Press_Releases/2011/5/ comScore_Releases_European_Engagement_and_Top_Web_Properties_Ra nkings_for_March_2011

Quindi le impression ipotizziabili sono: 51.736 x 1,688 = 87.330

Secondo informazioni provenienti da Google[127] stessa, confermate da vari blogger italiani[128] e internazionali[129], la percentuale di click trougth sarebbe del 2% sulle impression.

Questo dato però a me sembra come la famosa statistica del mezzo pollo di Trilussa perchè molto dipende dalle capacità di saper integrare i messaggi pubblicitari all'interno delle pagine. Ci sono webmaster molto inesperti e improvvisati che non raggiungono nemmeno l'1%. Personalmente per tutti i progetti che ho avviato non sono mai sceso sotto il 3%.

Ipotizziamo allora senza peccare di presunzione di riuscire ad ottenere un 3% di CTR sul numero delle impression, cioè:

87.330 x 3% = 2.620 click

Il CPC (Costo per click) dipende ovviamente dalla nicchia, più è remunerativa maggiore sarà il costo per click. Abbiamo visto nei precedenti capitoli come stimare un buon CPC per avviare la nostra nicchia, per tale motivo possiamo pensare di ricavare almeno15 centesimi a click. Considerato che potremmo avere 2.620 click al mese possiamo stimare quindi un ricavo di:

2.620 x 0,15 = € 393,00.

---

[127] http://www.google.com/support/forum/p/AdWords/thread?tid=7aeb3290fd8feccb&hl=en

[128] http://twitter.com/#!/misterjinx/status/7760679544

[129] http://www.seroundtable.com/archives/021514.html

Ottimizzando al meglio il sito web potremmo prevedere di ottenere risultati analoghi anche per le varie affiliazioni, vediamone un esempio con Zanox[130]:

Giorno	views	clic	transazioni	Commissione
01/09/2011	3506	88	25	14,80 EUR
02/09/2011	2632	66	25	11,37 EUR
03/09/2011	2135	74	12	11,68 EUR
04/09/2011	4373	94	19	18,85 EUR
05/09/2011	4616	78	15	22,13 EUR
06/09/2011	4158	72	26	16,62 EUR
07/09/2011	4235	62	12	35,47 EUR
28/09/2011	830	100	26	18,19 EUR
29/09/2011	1091	88	22	10,33 EUR
30/09/2011	494	104	11	2,75 EUR
Total Sum	**88260**	**2586**	**596**	**432,40 EUR**

In questo caso il valore della commissione dipende dall'inserzionista, ma poniamo di ricevere anche in questo caso una media di 15 centesimi a click. Ne segue che avremmo ogni mese altre € 393,00.

Ora ipotizziamo anche che ci sia uno sponsor interessato ad esporre un banner sull'header della home e che si veda anche in tutte le altre pagine. Supponiamo che faccia un contratto con noi per tre mesi al prezzo € 100,00 al mese. Più il sito è di nicchia, maggiore è la possibilità di avere sponsor che ci contattino direttamente.

Come ultima possibilità di ricavo, ipotizziamo anche che dal nono mese in poi, si riescano a vendere cinque e-book al mese al prezzo netto di € 10 cad.uno, e per quanto riguarda il primo anno ci fermiamo qui.

---

[130] http://www.zanox.com/it/

Uno schema che riassume il modo in cui si può generare profitto è il seguente, l'ho chiamato la "Locomotiva dei ricavi" anche per la sua forma bizzarra che ricorda appunto una locomotiva:

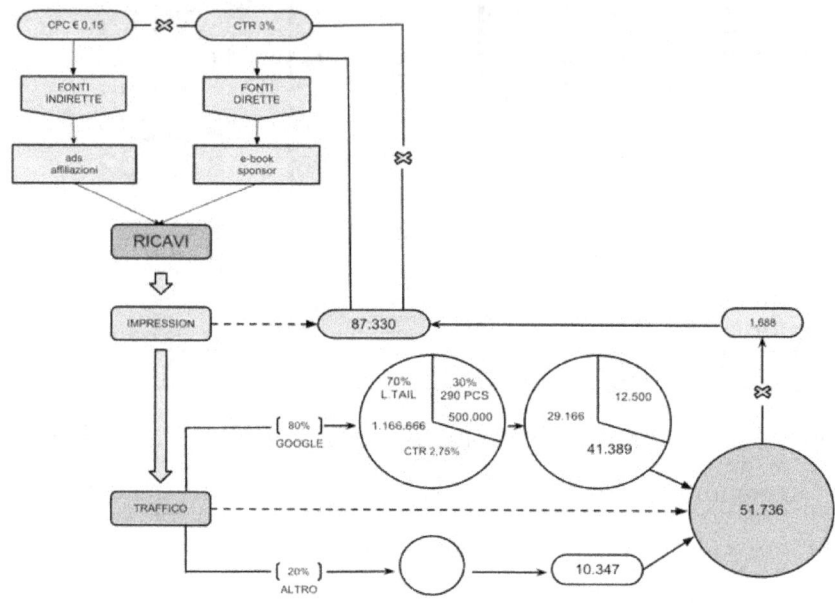

I ricavi dipendono dalle impression e le impression dal traffico (visite). Secondo le previsioni ipotizzate nei paragrafi precedenti sappiamo che possiamo ottenere un certo numero di impression mensili lavorando appunto secondo quanto esposto. Queste impression possono generare ricavi da fonti dirette come ebook e sponsor e opportunamente relazionate con CTR e CPC possono generare ricavi anche e soprattutto da fonti indirette come Google ADS e Affiliazioni.

TABELLA PREVISIONALE DEI RICAVI

Partire subito con la pubblicità condizionerebbe in modo negativo l'attenzione degli utenti. Un nuovo sito non ha molti lettori fidelizzati e anche se il contenuto è di prim'ordine, alcuni utenti nella loro prima visita non ci daranno il beneficio del dubbio se penseranno che l'unico scopo del sito è quello di monetizzare. Dobbiamo ricordarci che l'utente cerca il contenuto che sia in grado di soddisfare il proprio bisogno, non la pubblicità. Per avere dei vantaggi dall'inserimento della pubblicità, occorre attendere che il sito faccia già un discreto traffico.

Schematizziamo allora quali possano essere i possibili ricavi per il primo anno:

1) Adsense: l'inserimento è previsto dalla fine del secondo mese in poi. Per poterne calcolarne una previsione di importo dovremmo quindi prevedere quante impression ricaverò dal 3° mese in poi.

Procediamo con le proporzioni del caso:

mesi	articoli	impress.		articoli	impres.	risultato
3	110:	X	=	290:	87.330	33.125
4	130:	"		"	"	39.148
5	150:	"		"	"	45.170
6	170:	"		"	"	51.193
7	190:	"		"	"	57.216
8	210:	"		"	"	63.239
9	230:	"		"	"	69.261
10	250:	"		"	"	75.284
11	270:	"		"	"	81.307
12	290:	X		290:	87.330	87.330

Ora stimiamo i possibili ricavi sulla base delle impression appena calcolate :

mesi	€	impress.		€	impres.	risultato
3	X:	33.125	=	393:	87.330	149,06
4	X:	39.148		"	"	176,17
5	X:	45.170		"	"	203,27
6	X:	51.193		"	"	230,38
7	X:	57.216		"	"	257,48
8	X:	63.239		"	"	284,59
9	X:	69.261		"	"	311,70
10	X:	75.284		"	"	338,79
11	X:	81.307		"	"	365,89
12	X:	87.330		393:	87.330	393,00

2) Affiliazioni: L'inserimento è previsto dalla fine del secondo mese in poi. Il calcolo è lo stesso già fatto per Google Adsense.

3) Sponsorizzazioni: variano molto a seconda delle nicchie, se saremo ben posizionati ci noteranno. Abbiamo ipotizzato una sponsorizzazione da parte di un inserzionista dal 6° mese in poi per 3 mesi al prezzo di € 100,00 al mese.

4) E-book: dal 9° mese in poi metteremo in vendita tramite Paypal un e-book con un ricavo di € 10,00 nette cad.no. Prevediamo di venderne 5 al mese per un totale di € 50,00.

Riassumendo :

TABELLA PREVISIONALE DEI RICAVI

mesi	Adsense	Affiliaz.	Sponsor	ebook	totale €
3	149,06	149,06	=	=	298,12
4	176,17	176,17	=	=	352,34
5	203,27	203,27	=	=	406,54
6	230,38	230,38	=	=	460,76
7	257,48	257,48	100,00	=	614,96
8	284,59	284,59	100,00	=	669,18
9	311,70	311,70	100,00	50,00	773,40
10	338,79	338,79	=	50,00	727,58
11	365,89	365,89	=	50,00	781,78
12	393,00	393,00	=	50,00	836,00

7.5. Calcolo del Breakeven Point e del ROI

Breakeven point: è il punto dove si incontrano la curva dei costi e la curva dei ricavi, secondo questa stima, esso si raggiunge il primo anno tra il 5° e 6° mese.

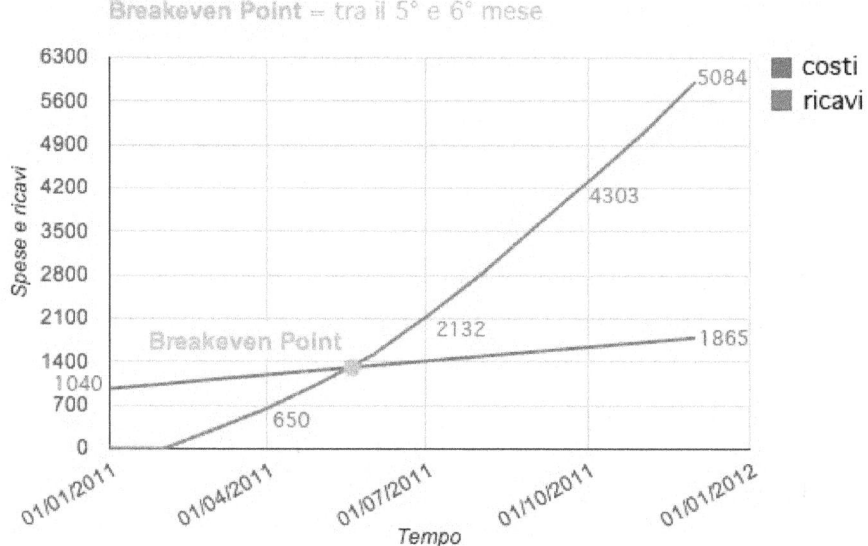

Ora calcoliamo il ROI.

ROI % = ((Ricavi-Costi)/Costi) x 100 =

((5.920,66-1.865,00)/1.865,00) x 100 =

(4.055,66/1.865,00) x 100 = **217 %**

Ciò significa che per ogni euro speso per realizzare questa tipologia di progetto di webmarketing, otterremmo un ritorno economico di € 2,17 in termini di benefici, al netto di tutte le spese considerate.

Bibliografia

Aldrich D. F., Masera P., 2000, *Il Mercato digitale. Strategie e modelli per dominare la nuova economia*, Milano, Il Sole 24 ORE S.p.A., pp. 62-63.

Kotler P., Kartajaya H., Setiawan I., 2010, *Marketing 3.0. Dal prodotto al cliente all'anima*, Milano, Il Sole 24 ORE S.p.A., p. 69.

Venturi A., Covino G., 2009, *Web Marketing per le PMI*, Trento, Editrice UNI service pp. 47-49-54-59

Loguercio M., 2011, *Survey 2011: gli Italiani e i motori di ricerca*, Milano, SEMS S.r.l., p. 11.

Lever, F. Rivoltella P.C., Zanacchi, A., 2002, *La comunicazione. Il dizionario di scienze e tecniche,* Roma, Rai-Eri, Elledici.

Maslow A.H., 1992, *Motivazione e personalità*, Roma, Armando Editore.

Anderson C., 2007, *La coda lunga. Da un mercato di massa a una massa di mercati*, Torino, Codice Edizioni, p.24.

Rosso M.A., McClelland M.K., Fleming S.W., Jansen B.J., 2009, *Using Google AdWords in the MBA MIS Course - Journal of Information Systems Education, Vol. 20(1)*, USA, School of Business North Carolina Central University, College of Information Sciences and Technology The Pennsylvania State University.

Sportelli A., 2010, *Facebook Strategy. Formazione di marketing su Facebook dedicata ad aziende e professionisti*, Taranto, WebFactory S.r.l.

Toscano L., 2009, *SEO Strategy. Conoscenza, tecniche e strumenti per essere visibili su Google e Social Media*, Trento, UNI Service.

Zanolli S., 2008, *Io, società a responsabilità. Strumenti per fare la grande differenza*, Milano, FrancoAngeli S.r.l.

Centenaro L., Sorchiotti T., 2010, *Personal Branding. L'arte di promuovere e vendere se stessi online*.

de Francesco F., 2008, *Scrittura ottimizzata di comunicati stampa e article-marketing, Milano*, YoYo, p.17

Osborn A. F., 1953 A*pplied Imagination; Principles and Procedures of Creative Problem-Solving*, USA, Scribner Book Company.

Lo Savio F., Lorenzetti L., 2008, *Comunicare ai media. L'ufficio stampa nell'era del Web 2.0*, Roma, Eurilink S.r.l., pp.75-77-120.

Balegno S., 2010, *Social Marketing ROAD Map Handbook. A practical method for mapping a social media strategy*, USA, MarketingSherpa LLC. p.123.

Link

Giordano A., 2011, *Metodo Netnografico ed Analisi Interpretativa: due strumenti strategici per dialogare con le Web Tribes*, Centro Studi di Etnografia Digitale.

http://www.etnografiadigitale.it/2011/01/metodo-netnografico-ed-analisi-interpretativa-due-strumenti-strategici-per-dialogare-con-le-web-tribes/

Ling M., 2010, *How to do Keyword Research*, New Zealand, Affilorama Group Ltd.
http://www.affilorama.com/market-research/doing-keyword-research

Mohan N., 2010, *Quota di compartecipazione alle entrate AdSense*, USA, Google Inc.
http://it-adsense.blogspot.com/2010/05/quota-di-compartecipazione-alle-entrate.html

Brin S., Page L., 2000, *The Anatomy of a Large-Scale Hypertextual Web Search Engine*, USA, Computer Science Department, Stanford University.
http://infolab.stanford.edu/~backrub/google.html

Peters T., 1997, *The Brand Called You*, USA, Fast Company Mansueto Ventures LLC.
http://www.fastcompany.com/magazine/10/brandyou.html

Principato S., 2011, ⬚*Come utilizzare i social network per promuovere la propria attività*, Roma, BIC Lazio, pp. 34
http://www.slideshare.net/araknes/marketing-personale-con-i-social-network

Papworth L., 2009, *Ripple: Social Network Influencers*, Australia.
http://laurelpapworth.com/ripple-social-network-influencers/

Boscarol M., 2009, *Progettare la struttura dei siti: ampiezza o profondità?*,
http://www.usabile.it/392009.htm

Bernard M.L., 2002, *Examining the Effects of Hypertext Shape on User Performance*, USA, Department of Psychology Wichita State University.
http://www.surl.org/usabilitynews/42/hypertext.asp

Boscarol M., 2007, *Verso l'usabilità semantica*,
http://www.usabile.it/312007.htm

Pirolli P., Card S., 1995, *Information foraging in information access environments*, USA, Xerox Palo Alto Research Center.
https://docs.google.com/document/d/
1EfzzIbANR7xWSlXxKj3np6wTEMJkavBFL2vullopFP4/edit

Blackmon M.H., Polson P.G., Kitajima M., Lewis C., 2002, *Cognitive Walkthrough for the Web*, USA, ACM conference on human factors in computing systems (CHI'2002), pp. 463-47
http://www.sigchi.org/chi2002/

Sportelli A., 2010, *Riflessioni di Web Marketing per il 2010...*, Taranto, WebFactory S.r.l.
http://www.webmarketingforum.it/3891-smm-differenza-tra-sito-aperto-e-sito-chiuso-ideewm2010.html

Pastore G., 2011, *Conversion Rate Optimization in 7 passi*,
http://www.posizionamentozen.com/conversion-rate-optimization-7-passi.html

Diaz G., Ellis J., Hendricks M., Davis, P., 2007, *Increasing Conversion*, USA
http://www.marketingexperiments.com/improving-website-conversion/increasing-conversion.html

Smarty A., 2008, *How call to action*, Ukraine
http://www.seosmarty.com/call-to-action/

Canali De Rossi L., 2010, Online Content Curation: *La Strategia Per Ottenere Visibilità, Autorità E Creare Valore*,
http://www.masternewmedia.org/it/2010/06/08/
online_content_curation_la_strategia_per_ottenere.htm

Rosenbaum, S., 2009 *Can 'Curation' Save Media?*, USA,
http://www.businessinsider.com/can-curation-save-media-2009-4

Rowse D., 2008, *10 Steps to the Perfect List Post*, Australia,
http://www.problogger.net/archives/2008/08/17/10-steps-to-the-perfect-list-post/

Willoughby S., 2008, *Whiteboard Friday - The SEO Fundamentals Pyramid*, USA,
http://www.seomoz.org/blog/whiteboard-friday-the-seo-fundamentals-pyramid

McGee M., 2008, *The SEO Success Pyramid*, USA,
http://www.smallbusinesssem.com/the-seo-success-pyramid/971/

Garrett C., 2009, *How to Grow Your Google Authority*, USA,
http://www.chrisg.com/google-authority/

Taverniti G., 2011, *Fattori del posizionamento*,
http://www.giorgiotave.it/fattori/2011/esperti

Boccia Artieri G., 2011, *Born Again: conversazioni attorno alla "rinascita dei blog"*,
http://mediamondo.wordpress.com/2011/12/30/born-again-conversazioni-attorno-alla-rinascita-dei-blog/

Conti L., 2011, *Born Again: conversazioni attorno alla "rinascita dei blog"*,
http://mediamondo.wordpress.com/2011/12/30/born-again-conversazioni-attorno-alla-rinascita-dei-blog/

Giuseppe Granieri
http://www.bookcafe.net/blog/blog.cfm?id=1487

Granieri G. 2011, *Born Again: conversazioni attorno alla "rinascita dei blog"*,
http://mediamondo.wordpress.com/2011/12/30/born-again-conversazioni-attorno-alla-rinascita-dei-blog/

Mantellini M., 2011, *Born Again: conversazioni attorno alla "rinascita dei blog"*,
http://mediamondo.wordpress.com/2011/12/30/born-again-conversazioni-attorno-alla-rinascita-dei-blog/

Lopez J., 2011, *A Tweet's Effect On Rankings - An Unexpected Case Study*, USA,
http://www.seomoz.org/blog/tweets-effect-rankings-unexpected-case-study

McClure D., 2010, *Startup Metrics for Pirates at the Lean Startup Circle*, UCSF, USA
http://www.slideshare.net/dmc500hats/startup-metrics-for-pirates-sf-jan-2010

Lani L., 2010, *Le metriche della Start-up*,
http://www.lucalani.com/charts/le-5-metriche-start-up

Iab Italia, 2011, *Il Digitale Ha Raggiunto La Fase Della Maturità E Si Prepara Ad Una Evoluzione*,
http://www.iab.it/news/il-digitale-ha-raggiunto-la-fase-della-maturit-e-si-prepara-ad-una-evoluzione.html

Luca Bove: *Promozione Sito sul Web - Promuovere Siti Internet*
http://www.imevolution.it/web-marketing/promozione-sito-sul-web.html

Fishkin R., 2010, *The Search Engine Landscape: 2010 How Users Interact with Engines & How the Search Engines Crawl*, USA, p.16
http://www.seomoz.org/blog/search-engine-landscape-2010

Ruby D., 2010, *The Value of Google Result Positioning*, USA,
http://insights.chitika.com/2010/the-value-of-google-result-positioning/

Davide Cobelli: *Marketing Efficace Strategie di Marketing On-line e Off-line* - http://www.marketingefficace.it/

Block B., 2011, *comScore Releases European Engagement and Top Web Properties Rankings for March 2011*, USA,
http://www.comscore.com/Press_Events/Press_Releases/2011/5/comScore_Releases_European_Engagement_and_Top_Web_Propert ies_Rankings_for_March_2011

Schwartz B., *Google AdWords Click Through Rates: 2% is Average But Double Digits is Great*, USA,
http://www.seroundtable.com/archives/021514.html

Arturo Salerno: *Piano di web marketing* www.xmind.net/share/
arturosalerno/piano-in-web-marketing/

Google Employee, 2010, *Is there a general guideline (percentage)
for expected clicks?*, USA,
http://www.google.com/support/forum/p/AdWords/thread?
tid=7aeb3290fd8feccb&hl=en

Francesco Tinti 2008, *Insights for Search, l'occhio sul web* http://
www.ilgiornale.it/news/insights-search-locchio-sul-web.html

Enrico Altavilla, *Scegliere un host a misura di SEO* http://
www.motoricerca.info/articoli/scelta-host.phtml

Link

http://www.zanox.com/it/
http://www.labnol.org/google-adsense-sandbox/
http://www.skelliewag.org/
http://www.chrisg.com/
http://www.stevescottsite.com/
http://suggest.thinkpragmatic.net/
https://adwords.google.com/select/KeywordToolExternal
http://www.traffictravis.com
http://www.dmoz.org/World/Italiano/
http://www.giorgiotave.it/forum/
http://www.wordpress-it.it/wordpress-in-italiano/
http://www.wordpress-it.it/wiki/Main/InstallazioneRapida
http://wordpress.org/extend/themes
http://support.google.com/adsense/bin/answer.py?
hl=it&answer=1354747
http://www.robotstxt.org

http://www.giorgiotave.it/forum/collaborazioni-web-e- lavoro-offro-
e-cerco/

http://forum.html.it/forum/

http://www.alverde.net/forum/offerte-di-lavoro-e-richieste-di-
consulenza-web

http://wordpress.org/extend/plugins/wordpress-seo/

www.copyscape.com

www.copygator.com

http://support.google.com/websearch/bin/answer.py?
hl=it&answer=136861

https://www.google.com/webmasters/tools/spamreport?hl=it&pli=1

http://support.google.com/bin/static.py?
hl=it&ts=1114905&page=ts.cs

http://www.google.com/intl/it/analytics/

http://www.google.com/intl/it/+1/button/

http://wordpress.org/extend/plugins/google-analytics-for-wordpress/

https://www.google.com/webmasters/tools/home?hl=it

http://wordpress.org/extend/plugins/twitter-goodies/

http://wordpress.org/extend/plugins/google-plus-one-google1/

http://www.mailup.it/p/pc/Homepage-d40.htm

http://wordpress.org/extend/plugins/wp-polls/

http://developers.facebook.com/docs/reference/plugins/comments/

http://disqus.com/

http://www.dell.com/it/p/desktops?~ck=mn

http://www.commercialistaonline.biz/listino-prezzi/

http://www.12designer.com/it/

http://market.studiopress.com/themes

http://yoast.com/

http://liste.giorgiotave.it/article-marketing/

http://support.google.com/webmasters/bin/answer.py?
hl=it&answer=35769

http://home.snafu.de/tilman/xenulink.html

http://www.screamingfrog.co.uk/seo-spider/

www.ingramcontent.com/pod-product-compliance
Lightning Source LLC
Chambersburg PA
CBHW060846170526
45158CB00001B/254